SALON

DE 1866

PAR

EDMOND ABOUT

PARIS

LIBRAIRIE DE L. HACHETTE ET Cie

BOULEVARD SAINT-GERMAIN, No 77

1867

SALON

DE 1866

OUVRAGES DU MÊME AUTEUR

FORMAT IN-8°

FORMAT IN-18 JÉSUS

Imprimerie générale de Ch. Lahure, rue de Fleurus, 9, à Paris.

SALON

DE 1866

PAR

EDMOND ABOUT

———————◦———————

PARIS

LIBRAIRIE DE L. HACHETTE ET Cⁱᵉ

BOULEVARD SAINT-GERMAIN, Nᵒ 77

1867

A CHARLES GARNIER

ARCHITECTE

Cher ami, il y aura tout à l'heure quinze ans que
nous avons fait notre premier voyage ensemble. Lorsque j'y pense, je nous revois chevauchant botte à
botte sur le flanc des Roches scyroniennes ou dans les
ravins d'Arcadie, quand par hasard la route était assez
large pour deux. Il me semble que c'était hier ; et
pourtant que de choses nous avons vues, faites et souf-
fertes dans ces quinze années ! Combien de fois nous
nous sommes retrouvés côte à côte, tantôt sur les
pentes fleuries, tantôt dans les sentiers ardus ! Au
contact d'une vieille amitié, le cœur se rajeunit et la
volonté se retrempe ; notre travail devient moins rude,
notre bonheur plus vif, nos chagrins moins cuisants.
Aimons-nous, c'est la vraie sagesse, et marchons toujours : c'est la grande loi.

E. A.

OUVERTURE DES PORTES

OUVERTURE DES PORTES.

I

Voici bien la douzième ou la quinzième
fois que j'assiste à cette petite fête, et jamais,
au grand jamais, je n'ai vu d'ouverture du
Salon sans être tenté de dire à chaque artiste ce que le roi Henri IV écrivait familièrement à Sully:

« Mon amy, vous estes une beste. »

Ces gaillards-là sont mille, et peut-être
deux mille; ils ont du temps à perdre, car

ils en perdent ; ils gagnent de l'argent gros
comme eux dès qu'ils ont une apparence de
talent ; les gros bonnets de la partie roulent
sur l'or ; à la mort de tout peintre un peu
considérable, on ramasse un demi-million,
voire un million tout rond, dans les
balayures de son atelier, et ils n'ont pas
l'esprit de faire leurs affaires eux-mêmes !

Je lisais hier soir dans l'*Opinion natio-
nale :*

« La Société civile des ouvriers tailleurs
de pierre, fondée depuis huit mois, a obtenu
de si bons résultats qu'il est indispensable
de choisir un local définitif où sera établi le
siége social. »

Combien se passera-t-il d'années avant
que les artistes français, en conquérant
leur indépendance, deviennent morale-
ment égaux à ces braves tailleurs de pierre ?

Quand les verrons-nous mettre en commun la centième partie de leurs épargnes,
créer un capital et installer leurs œuvres
dans un local qui soit à eux ?

L'art français a des instincts de prince
et des allures de vagabond : c'est triste à
dire. Je ne suis pas encore un vieillard, et
j'ai vu les expositions transportées du Louvre aux Tuileries, des Tuileries au Palais-
Royal, du Palais-Royal au Conservatoire,
du Conservatoire à je ne sais quel hangar
de plâtre, avenue Montaigne, de l'avenue
Montaigne à cette halle de l'industrie qui
dépare le paysage des Champs-Élysées.

Ils y sont mal logés, et ils n'ont pas
même la consolation d'être chez eux. Hier
matin, dans ce boyau sinistre où la sculpture est exposée, on balayait le crotin des
chevaux pour faire place aux statues. Le
beau jardin où nous nous promenions l'année dernière a disparu pour les besoins
d'un carrousel. Les sculptures s'y trou-
vaient un peu moins bien que les visiteurs,
car elles étaient trop éclairées ; mais sont-
elles mieux aujourd'hui ? Tant s'en faut.
Les artistes se plaignaient ; ils se plai-
gnent plus fort : mais la plainte est-elle

donc le dernier mot de la liberté française ?
Ne sommes-nous capables que de gémir
comme des tourterelles en cage ou de gro-
gner comme des ours muselés ?

Louis XIV est mort depuis un siècle et
demi, et l'art se traîne encore dans un vieux
régime de patronage et de vasselage ; il est
réduit à mendier non-seulement les com-
mandes et les secours, mais encore la place
qu'il occupe et le jour qui l'éclaire.

A qui la faute ?

Au pouvoir ? non. L'administration des
beaux-arts n'est pas infaillible, mais elle
est assez bonne fille. Au lieu de maintenir
ses priviléges, elle a favorisé les expositions
libres, que nos artistes n'ont pas voulu
soutenir.

Rien ne serait plus simple et plus permis
que de bâtir, à frais communs, une maison
d'exposition permanente, d'y porter tous
les tableaux et toutes les statues, à mesure
que les artistes les achèveraient ; de les y
maintenir un, deux, trois mois de suite,

au gré des artistes, moyennant un prix de
location déterminé. Toutes les œuvres pré-
sentées seraient admises; le placement se
ferait par les soins d'une commission élue;
le public entrerait pour son argent, comme
aux expositions officielles; un bureau de
vente servirait d'intermédiaire entre l'artiste et l'amateur; à la fin de chaque année, les bénéfices de l'exploitation, s'il y
en avait, seraient répartis entre tous les
intéressés.

La première mise de fonds d'une pareille affaire ne dépasserait guère un million. Et qu'est-ce qu'un millon en 1866?
Qui est-ce qui n'a pas un million? Con-
naissez-vous un baissier de la Bourse qui
n'ait pas gagné son million depuis huit
jours?

Une exposition libre donnerait un fier
coup de fouet au sentiment artistique qui
va se propageant de jour en jour dans le
public parisien. Tout le monde irait voir
les tableaux comme on va voir autour du

lac du bois de Boulogne les pastels ambu-
lants qui s'y promènent en calèche.

L'État lui-même, au lieu de commander
des œuvres d'art à cent messieurs plus ou
moins recommandés, plus ou moins recommandables, achèterait des choses toutes
faites et contrôlées par le goût public. Il
va bien au marché de la rue Drouot
faire la provision de ses musées !

Et l'on ne verrait plus un pauvre fou se
brûler la cervelle parce que le jury le plus
large et le plus compétent lui a refusé ses
tableaux.

Et l'on n'entendrait plus un sénateur
fantaisiste expliquer par des raisons de
l'autre monde le refus d'un portrait mal
peint. Je n'ai pas vu le portrait de M. de
Boissy par M. Fagnani, mais j'ai vu un
Victor-Emmanuel du même artiste, et il
m'en souviendra longtemps. Le Roi galant
homme avait l'air d'un gros vilain chat
ébouriffé.

Et un polisson refusé n'écrirait pas aux

membres du jury, qui sont l'élite des honnêtes gens, ces sales lettres anonymes où il les appelle vitriers assassins.

Tout le monde gagnerait à cette révolution pacifique que je prêche depuis bien des années sans trouver d'écho parmi les artistes. Je viens de lire une circulaire fort bien faite, et dans le même sens, par un peintre appelé M. Legat. Sera-t-il plus écouté que moi ? Je le souhaite vivement et je l'espère peu. J'ai encore sur le cœur cette pauvre exposition du boulevard des Italiens, que nos artistes ont laissée mourir quand elle avait si bonne envie de les aider à vivre.

Demain nous entrerons ensemble dans le Salon de 1866. Mais, aujourd'hui, je vous demande la permission de citer une grande œuvre qui n'y est pas, malheureusement.

Il y a, dans l'avenue des Champs-Élysées, au n° 25, un petit palais Renaissance, dont le propriétaire m'est inconnu. Je sais

seulement que les dehors sont achevés, que
les dedans s'achèvent, et que l'ensemble
est un chef-d'œuvre de goût. On dit que
cet hôtel a coûté quatre millions ; il les
vaut.

Le grand salon du rez-de-chaussée, le
seul que j'aie pu visiter, fait le plus grand
honneur à l'architecte, M. Manguin. Jamais l'art n'a tenté un effort plus heureux
pour excuser la richesse. La splendeur insolente des matériaux est positivement ef-
facée par l'admirable emploi qu'on en a
fait.

Mais la plus grande merveille de cet ensemble harmonieux, c'est la peinture de
Paul Baudry.

Le plafond représente, par quatre grandes figures, les divisions du temps : l'aurore, le milieu du jour, le soir et la nuit.
Rien n'est plus royalement beau que l'A-
pollon debout, bandant son arc. Jamais
l'éclat du jour en son plein n'a trouvé une
personnification plus fière et plus triom-

phante. L'Hécate voilée qui symbolise la
nuit est aussi parfaite en son genre. Mais à
quoi bon m'appesantir sur la description
de ces figures ? Vous ne les verrez pas, et
je ne les reverrai plus. Quatre groupes
d'enfants, de ces enfants divins que Baudry semble découper dans la chair rose des
plus beaux fruits, représentent la rosée,
les parfums, la fécondité de la terre, le
sommeil. L'idée mère de cette composition
magistrale se continue en se précisant dans
les voussures du salon. Sous la figure de
l'Aurore, on voit le réveil dans un camp,
Psyché éveillant l'Amour. Sous la figure
d'Apollon, le bain des nymphes, aussi frais,
aussi gracieux, aussi brillant que ce fameux
tableau de la *Perle*, dont vous vous souve-
nez, j'en suis sûr. Sous la figure de Vesper
ou du soir, l'artiste a peint le souper et
le rendez-vous. Sous la figure d'Hécate, Ulysse et Diomède, en embuscade,
préparent aux Troyens la mort dans la
nuit.

Avant de commencer cette œuvre, qui est son chef-d'œuvre, Paul Baudry a senti le besoin de se retremper tout entier aux sources du grand art. Il s'est remis bravement à l'école de Raphaël et de Michel-Ange ; il est parti pour Rome ; il a passé un an à la chapelle Sixtine ; il a copié de sa main, sur des toiles immenses, des figures colossales, et, pour se reposer, une Danaé du Corrége. C'est alors seulement qu'il est venu tenter la plus glorieuse entreprise qu'un peintre ait osée de nos jours. Tous ceux qui comme moi ont eu l'occasion d'admirer cette décoration capitale ont signé à l'auteur un brevet de maître. Si le public était admis à la même faveur, ne fût-ce que pendant une heure, il dirait tout d'une voix, sans hésiter, que Paul Baudry est le plus grand peintre de ce temps.

Mais quand je songe que ce travail n'a été visible que pour une demi-douzaine d'artistes et autant de critiques, je suis vio-

lemment tenté de finir ce chapitre par le
mot du commencement :

« Mon amy, vous estes une beste. »

LES ÉMAUX DU VESTIBULE

LES ÉMAUX DU VESTIBULE.

———

I

MM. Popelin, Lepec, Meyer, Mme Bossé.

Montons vite au premier étage. Nous reviendrons voir les sculptures quand elles ne seront plus serrées dans leur couloir comme des harengs dans la caque. Il est formellement impossible de juger une statue sans la regarder sous tous ses profils. M. le surintendant des beaux-arts le sait mieux que nous, lui qui a fait une des belles statues de son temps. Il nous fournira

2

donc, on l'espère, une occasion de voir les quatre cents sculptures exposées, c'est-à-dire de tourner alentour.

Le vestibule du premier étage aurait pu servir de refuge à quelques jolis bronzes, à quelques petits marbres délicats qui, en revanche, auraient égayé sa grandeur vide et sa nudité sévère. On s'est contenté d'y plaquer une douzaine d'émaux et autant de majoliques : c'est peu.

Toutefois, le public semble prendre en affection ce large palier ; on y respire mieux que dans les salons poudreux du premier, et l'on n'a pas sur les épaules ce manteau de plomb qui vous glace au rez-de-chaussée. Du reste, on y voit deux œuvres capitales : *la Clémence Isaure* de M. Lepec et *la Vérité* de M. Popelin.

M. Popelin et M. Lepec sont maîtres chacun dans son genre. Ils se servent du même moyen, mais ils ne tendent pas au même but. M. Popelin est avant tout un philosophe, un lettré, un érudit, un homme

du seizième siècle, qui loge en son cha-
peau toute l'aimable encyclopédie de ce
beau temps. Il sait les langues, il sait les
belles-lettres, il sait les doctrines, il recherche et retrouve le secret des petites alchi-
mies professionnelles. En lui, l'esprit est
large et l'ambition n'est pas mesquine.
L'année dernière il exposait, sous prétexte
d'émail, un vrai tableau synoptique de la
Renaissance, et, depuis bien longtemps, la
Renaissance ne nous était pas apparue sous
d'aussi riches couleurs. Aujourd'hui, ce
philosophe enferme dans un cadre, de sa
façon, c'est-à-dire riche et pittoresque, la
sainte vérité et ses amants les plus illus-
tres. Il construit un portique d'ébène où
les sages de tous les temps et de tous les
climats, Descartes et Marc Aurèle, Confu-
cius et Averroès, Abeilard et Leibnitz se
rencontrent pour la première fois sous des
colonnes de marbre aux chapiteaux d'argent. La figure principale qui trône, blanche et nue, au cœur de la composition,

montre un dessin savant et quelque peu
archaïque : c'est la vie riche du seizième
siècle qui a nourri cette vaillante et forte
Vérité. Les femmes d'aujourd'hui sont
moins solides, la Vérité de notre temps est
moins hardie et moins sûre d'elle-même ;
elle sort quelquefois de son puits, mais
elle se déguise : il y a tant de gens qui la
guettent ! les uns pour la fouetter en place
publique, les autres pour la mener au
poste !

Les philosophes de M. Popelin sont généralement beaux, mais d'un modelé quelquefois noueux et d'une couleur blafarde.
Le même reproche s'étend à un petit portrait du Dante, qui est exposé à part. Le
vieil Alighieri, bourreau des âmes, tortion-
naire de sa propre pensée, aurait fait une
étrange figure parmi les courtisans de la
Vérité.

On s'étonne, à première vue, qu'un coloriste brillant et riche comme M. Popelin associe des figures si pâles à des drape-

ries si splendides. Le contraste est trop
sensible entre la nudité un peu froide des
chairs et l'opulence éblouissante des ors et
des velours. C'est que, hélas! le bel art
des émaux abandonne beaucoup au destin.
Le peintre propose et le feu dispose. Les
toiles qu'on nous montre au Salon sont
telles que l'artiste a voulu ou du moins
telles qu'il a pu les faire. L'émail est un
produit mixte du talent et du hasard.

M. Lepec a vérifié cette loi à son préjudice. Dans le magnifique émail qu'il expose, le morceau principal, la tête de Clémence Isaure est maltraitée par le feu. Le
modelé s'est anéanti; les lèvres sont deve-
nues si minces que la gracieuse reine des
troubadours prend une physionomie pin-
cée. La grande pièce de M. Lepec n'en est
pas moins un chef-d'œuvre, car le visage
de Clémence Isaure se perd dans la splendeur miraculeuse de l'ensemble. M. Lepec
(je vous l'ai dit à son premier début) n'est
rien moins qu'un dessinateur classique; il

n'y a pas de parenté visible entre M. Ingres
et lui. Et pourtant il est un des artistes qui
font le plus d'honneur à la France; son
talent, qui a éclaté comme une bombe, est
arrivé presque à la perfection en un jour.
Il a l'éclat, la richesse et l'harmonie des
couleurs; il brasse les rayons du soleil et il
en fait comme un nectar visible qui enivre
les yeux. Il a le goût, la fantaisie; les ara-
besques les plus imprévues s'échappent de
sa main et serpentent sur le cuivre comme
des fusées joyeuses sur le ciel. C'est un véritable enchantement que cet émail; on en
reste ébloui pour une heure; on se sent
transporté dans quelqu'un de ces ateliers
mystérieux où les oiseaux-mouches se font
habiller, où les papillons portent leurs ailes
à peindre.

La fantaisie engendre la fantaisie. Je ne
m'étonne pas qu'un grand seigneur an-
glais ait payé 50 000 francs cette merveille
unique au monde.

Après les maîtres émailleurs; il faut

nommer un jeune homme qui promet,
M. Alfred Meyer. Son petit portrait de la
duchesse de Ferrare n'est pas seulement
d'une couleur brillante; le modelé de la
tête est assez fin. Quant au Jules César,
c'est un essai manqué. On ne me persua-
dera pas que le feu a déformé si cruelle-
ment la tête du grand homme : l'artiste est
bien pour quelque chose dans la grimace
de son César.

J'ai remarqué deux céramiques de
Mme Bossé, peintes d'après Raphaël, ou
plutôt, si je ne me trompe, d'après deux mé-
diocres gravures, peu dignes de Raphaël.
Quoique ces deux grands plats laissent
beaucoup à dire, au point de vue de l'art et
du métier, il ne faut pas décourager les
chercheurs qui ressuscitent de leur mieux
la belle industrie de Faënza. Il y a de jolis
tons dans la décoration du plat bleu.

LE SALON D'HONNEUR

LE SALON D'HONNEUR.

I

Briguiboul, Claudius Jacquand, Dubufe, Hersent, Nazon, Blaise Desgoffe, Lanoue, Hippolyte Bellangé, J. L. Brown, Armand Dumaresq, Fromentin, Duran, Schreyer, Regamey, Paul Huet, Théodore Rousseau, Viger, Courbet, Couverchel, Protais, Bin, Tabar, Rigo, Busson, Clairin, Ange Tissier, Loudet, Tony Robert Fleury.

Entrez dans le salon carré et allez droit devant vous en inclinant sur la gauche. Le grand panneau du fond est rempli en partie par une immense composition de M. Dubufe.

L'artiste qui a monopolisé le joli, le peintre aimable et brillant de nos plus

belles Parisiennes devait être séduit un jour
ou l'autre par la légende de l'enfant prodigue. Quel cadre pour un homme qui
manie librement, gaiement et toujours avec
un égal succès, le satin des épaules et le
satin des jupes, les brillants des rivières et
les brillants des yeux!

Les lois de l'attraction sont irrésistibles :
M. Dubufe a suivi la pente de son talent.
Mais par une coquetterie qui l'honore et
que le succès a récompensée, il a voulu
prouver que les couleurs heureuses et les
jolis tons frais n'étaient pas les éléments
indispensables de son succès. Sur la droite
et la gauche de la composition principale,
il a peint en grisaille les épisodes dramatiques de sa légende; et ces deux tableaux
accessoires, qui n'empruntent aucune ressource aux séductions de la couleur, ont
réuni d'emblée tous les suffrages.

Le sentiment est moins unanime sur le
grand tableau du milieu. J'ai entendu des
fanatiques qui disaient : « C'est du Véro-

nèse », et des mécontents que cette profu-
sion de rose agaçait un peu. Tout com-
pensé, je suis d'avis que peu d'artistes
contemporains étaient de force à construire, à peupler et à égayer ce bel ensemble; que si la peinture a pour but de
régaler les yeux qui la voient, M. Dubufe
nous a servi un festin brillant et confor-
table. Ce ne sont pas *les Noces de Cana*,
je l'avoue; il y a peut-être un peu d'eau
dans ce vin généreux; je crois qu'il manque
çà et là quelques accents énergiques, à la
Couture; mais il faut rendre justice à la
tentative d'un peintre aimable et délicat,
qui ose une œuvre colossale et la mène à
bonne fin sans forcer son talent.

Les débuts de M. Briguiboul nous ont
donné de belles espérances. Ce jeune homme
promettait un peintre d'histoire; il avait le
sentiment, sinon la science du dessin; on
ne pouvait lui reprocher qu'un peu de
mollesse, et la mollesse se guérit par un
régime tonique. Mais je crains que M. Bri-

guiboul se soit traité par les émollients.
Son tableau de cette année a des couleurs
et des consistances qui font penser à la
guimauve. C'est une réunion de grands
corps mous, désossés, qui tombent l'un sur
l'autre avec les mouvements inexprimables
de la gelée fondante.

Une grande toile de M. Claudius Jacquand nous offre un portrait de M. le
comte Mimerel de Roubaix, un gentil-
homme de la dernière fournée. L'honorable sénateur, promu au rang d'ancêtre,
est dans une attitude pleine de contente-
ment; il badine avec une épée qui n'est pas
l'épée de ses pères, mais qui sera, s'il plaît à
Dieu, celle de ses fils. La figure est bonne,
sympathique et même assez énergique; elle
ne rappelle ni de près ni de loin le type
de M. Jourdain. .

A la suite de ce portrait, en tirant toujours vers la droite, nous rencontrons un
petit bataillon carré de M. Hersent, composition assez intelligente, assez drama-

tique, mais d'un dessin encore un peu
mou, puis les tableaux de M. Nazon et
ceux de M. Blaise Desgoffe.

M. Nazon n'est pas arrivé du premier
coup; le succès lui a coûté bien des efforts
et peut-être quelques souffrances. Il a longtemps cherché sa voie; ses œuvres n'ont
pas été d'abord à la hauteur de son intelligence, de son sens artistique et de l'attente
de ses amis. Mais enfin le voici tout à fait
hors d'affaire, et classé, si je ne me trompe,
près de M. Corot et de M. Daubigny. Il
est homme à les rejoindre et peut-être à les
dépasser un jour, car s'il n'a pas encore
tout leur savoir, il a le grand avantage
d'être exempt de manière. Les deux
paysages qu'il expose aujourd'hui sont des
merveilles de goût, de finesse et de naturel. C'est le produit d'une longue et intime
collaboration entre un esprit vraiment distingué et lettré et la nature toute nue. Que
vous dirai-je encore? En voyant ces deux
paysages je me suis demandé si la porte du

Louvre n'était pas restée entr'ouverte et si
le beau soleil de Claude Lorrain n'avait
pas décoché jusqu'ici un de ses rayons
d'or. Dites que j'exagère et que je prends
des espérances pour des réalités; je le veux
bien; mais il y a déjà une forte dose de
réalité dans ces espérances.

M. Blaise Desgoffe n'est pas seulement
en hausse, il est encore et surtout en progrès.

Ce jeune artiste a commencé par faire
des tours de force en rendant à coups de
pinceau ce qu'il y a de plus inexpressible
dans la nature morte : les cristaux, les onyx,
les marbres, les pierres de prix. Les qualités hors ligne de son exécution l'ont bientôt fait connaître; mais on lui reprocha
longtemps, on lui reproche encore par
habitude de donner à tout ce qu'il peint,
même aux fleurs les plus molles et les plus
délicates, la consistance inflexible du marbre. Ce n'est pas tout : plusieurs critiques
(j'en étais) le blâmaient de rassembler dans

un tableau plusieurs pièces peintes isolément, sans tenir compte des réactions lumineuses qui naissent de l'approche. Si l'on prend dix objets de couleurs et de matières diverses, et qu'on les jette pêle-mêle sur un bout de table, on verra, en y regardant bien, qu'ils se fondent et se marient ensemble par l'échange de mille reflets. Les grands dessinateurs, et M. Desgoffe est du nombre, sont tellement préoccupés de la forme qu'ils ferment trop souvent les yeux à ces jeux de lumière; aussi la vérité de leurs peintures n'est-elle qu'une demi-vérité, une abstraction remarquable, mais impropre à contenter nos yeux. Le public se demande ce qui manque à leurs ouvrages, si parfaits en apparence : c'est le ragoût de lumières variées et brillantes auquel la nature nous a accoutumés. M. Blaise Desgoffe a compris qu'il lui manquait quelque chose, et le voilà qui travaille énergiquement à se compléter. Non-seulement il peint des iris et des primevères de la Chine

qui ont tout le moelleux et toute la suavité
des fleurs, mais la liaison abonde dans ses
tableaux, et les formes les plus nettes, les
plus précises y nagent dans cette sauce
exquise qu'on appelle par excellence la
couleur.

L'artiste ne s'arrêtera pas en si beau
chemin. Bientôt, demain peut-être, nous
le verrons associer à la nature morte les
formes plus riches et plus douces de la
nature vivante. Dans son tableau de fleurs
et de bijoux, il y a un ivoire sculpté en relief, dont les figures sont excellentes. Dans
le tableau de fleurs et de fruits, derrière
ce verre de Venise où le vin rit de si bon
cœur, vous pouvez remarquer une tapisserie dont les petits personnages sont parfaits.

M. Lanoue est un paysagiste de l'école
classique, mais trop vivant et trop personnel pour vieillir sur les bancs de l'école. Il
sait par cœur les maîtres du paysage historique, mais il n'a garde de les recopier in-

cessamment comme tant d'autres. Les fortes
études qu'il a faites ne servent qu'à le gui-
der à travers la campagne, à lui faire choisir les lignes les plus heureuses et les plus
beaux aspects de la nature. Une fois qu'il
se trouve en présence du rocher, de la
montagne ou de la prairie qui fourniront
le texte de son tableau, il se met sincèrement à peindre le paysage comme il est, au
lieu d'y intercaler ses réminiscences. C'est
ainsi que les bons esprits de l'école classiques se rencontrent à mi-chemin avec les
bons esprits de l'école naturaliste. Les uns
cherchent le vrai qui leur manquait un
peu, les autres tendent à s'élever vers les
hauteurs de l'art. M. Lanoue et M. Nazon
sont partis de deux points opposés, et les
voilà qui peuvent se donner la main.

Les deux derniers ouvrages d'Hippolyte
Bellangé sont exposés face à face, l'un sous
le grand triptyque de M. Dubufe, l'autre
sous la bataille de M. Rigo. J'ai dit ici,
l'année dernière, tout le bien que je pensais

de l'honorable et vaillant artiste ; sa mort
récente a éveillé partout un concert d'é-
loges et de regrets, dont l'écho n'est pas
encore assoupi. Ses deux derniers tableaux
ne sont pas faits pour nous consoler de sa
perte : ils nous prouvent que le talent
était encore jeune et robuste dans ce corps
ruiné. Qui lui succédera dans cet art fami-
lier, qui est à la peinture d'histoire ce que
le récit d'un grognard est aux Bulletins de
la grande armée ? On ne sait. La mort fait
tous les jours des vides effrayants dans l'é-
lite de nos artistes, et le remplacement ne
s'opère pas à vue d'œil.

Cependant, voici venir M. John Lewis
Brown, avec *l'École du cavalier.* M. Brown
a bien de l'esprit et le coup d'œil singulièrement juste. Il sait l'homme et le cheval, et cent autres choses ; et il peint bien.
Ses artilleurs sont pleins de mouvement ;
ses chevaux vivent ; le ciel et le terrain,
tout est vrai et frappant. Il y a du Meissonier dans M. Brown ; il n'y a pas tout

Meissonier, vous le devinez bien ; mais ce
jeune homme a pris la bonne route, et il y
court d'un train qui fait plaisir à voir.

Les Cuirassiers de M. Armand Dumaresq passent dans un nuage de pluie avec
la rapidité de la foudre. C'est la fameuse
charge d'Eylau, mais c'est quelque chose
de plus : c'est la guerre brutale, sinistre,
boueuse, enfumée, comme on la voit dans
les romans d'Erckmann.

M. Fromentin, le peintre qui écrit de si
beaux livres, l'écrivain qui peint de si charmants tableaux, se surpasse lui-même aujourd'hui, ce qui n'est pas peu dire. Je
laisse de côté son *Étang dans les oasis*,
paysage plus singulier, selon moi, que
réellement pittoresque, et j'arrive à la
*Tribu en marche vers les pâturages du
Tell.*

Je ne crois pas avoir vu les qualités de
M. Fromentin plus intenses et plus étroi-
tement réunies que dans ce merveilleux
petit tableau. Voilà le chef-d'œuvre du

jeune maître, au moins jusqu'à ce jour.
M. Fromentin s'est découpé un coin de
l'Afrique, où Marilhat, Decamps, Delacroix, ni personne, n'avait encore mis le
pied. Ses tableaux ne nous donnent pas la
nature poudreuse, inclémente, âpre et
sèche qui nous représentait autrefois l'Algérie : l'implacable ciel bleu, le sable jaune
et le profil blanc des maisons découpé
comme au canif. C'est un autre aspect de
la nature, et non-seulement du ciel et du
sol, mais aussi des hommes et des bêtes.
Il nous montre des ciels pommelés, des
sables verdissants sous les touffes drues de
l'alfa, des montagnes couvertes d'arbres,
des eaux courantes et stagnantes. Le cheval arabe est bien fin ; le peintre s'applique
à l'affiner encore : il en fait un être charmant, fin, délicat, presque féminin. La
race arabe subit une transformation ana-
logue, non que l'artiste fausse la nature,
mais il procède par sélection ; il prend les
types les plus délicats de cette nation aux

petits pieds et il les groupe avec un art
exquis. C'est une affinité secrète, et sans
doute ignorée de lui-même, qui le porte à
choisir dans un peuple tout ce qu'il y a de
beau, de tendre et de fin. On se demande
comment nos chasseurs d'Afrique osent ta-
per à coups de sabre dans ces bouquets de
burnous.

Gardez-vous bien de prendre tout ceci
pour une satire! C'est le jugement d'un
homme qui adore le talent de M. Fromentin. Il est bon que l'art soit varié comme la
nature elle-même. Si la terre n'avait qu'un
seul aspect, il n'y aurait qu'un paysagiste,
qui ferait un seul tableau dans sa vie.

M. Fromentin s'est embarqué pour l'Algérie, après vingt autres qui avaient exploité
le pays. Il semblait impossible aux peintres
et au public qu'on y trouvât un aspect nouveau, un pittoresque inconnu. Cette terre
ressemblait (passez-moi la comparaison) à
un beau corps dépouillé de tout par cinq
ou six pillages successifs. Fromentin arrive,

regarde et voit que tous ses devanciers ont
oublié quelque chose : un diamant au petit
doigt.

Je ne veux pas abandonner ce panneau
sans donner un conseil et un éloge à
M. Duran. Son gros drame de *l'Assassiné*
révèle de l'observation, l'instinct du mouvement vrai, et une certaine vigueur de
brosse. Le ton général de sa palette est
juste, sauf un léger abus du noir. Mais on
a toujours tort de donner à un sujet de
genre les proportions d'un tableau d'histoire. Les débutants croient forcer l'attention publique en faisant leurs personnages
aussi grands que nature. C'est une erreur
qui aboutit tout simplement à les faire
loger sous la corniche. Le tableau de
M. Duran ne perdrait rien de sa valeur s'il
était réduit au cinquième, et il y gagnerait
probablement d'être mieux placé. Quand
vous peindrez le nu, n'ayez pas peur de
prendre une grande toile, parce que, dans
le nu, chaque centimètre carré exprime

une beauté du corps vivant et représente
une difficulté vaincue. Mais, quand vous
nous mettez sous les yeux une collection
de gilets, d'habits et de culottes, les plis
du costume moderne ne sont pas assez
beaux pour qu'il faille les peindre en
grand.

Le panneau de droite est occupé au
centre par *les Cuirassiers* de M. Schreyer,
un tableau manqué, ce me semble. Quelques chevaux cotonneux, trop courts sur
pattes, voiturant au galop, dans la neige et
la poussière, quelques têtes d'expression.
Tout cela est bien vide et bien mou, malgré la furie apparente. M. Schreyer promettait mieux. Il fera bien de retourner à
la nature et de regarder attentivement un
vrai homme sur un vrai cheval. C'est un
spectacle qui se rencontre à Paris.

Les grognards de M. Regamey n'ont
pas mauvaise tournure, mais le milieu où
ils se meuvent est terriblement artificiel.
Jeune homme, on ne fait pas un tableau

avec quelques figures neuves plaquées sur un vieux fond.

Le grand paysage de M. Paul Huet est puissamment conçu, comme tout ce qui vient du vieux maître; mais il faudrait l'exécuter maintenant. Ce n'est encore qu'une ébauche, et fort brouillée.

M. Théodore Rousseau est un peintre admirable. Je l'ai assez souvent dit, écrit, imprimé pour qu'il me soit permis de me voiler la face devant ses deux derniers tableaux. Est-ce qu'Homère a sommeillé? Ne serait-ce pas plutôt que l'artiste, après tant de travaux et de succès divers, se fait un point d'honneur de varier toujours et de peindre du nouveau, n'en fût-il plus au monde? J'incline vers cette dernière hypothèse? Les producteurs infatigables, qui sont en même temps des artistes consciencieux et qui dédaignent de se recopier eux-mêmes, sont presque condamnés à chercher l'impossible, à se jeter dans des sentiers perdus. On croit avoir rendu tous

les aspects familiers de la nature, tous ses
sourires du matin, toutes ses mélancolies
du soir, ses réveils, ses repos profonds et
ses siestes légères. Et comme on veut du
neuf, on guette le moment où elle fera
quelque grimace. On épie l'heure unique
où les feuilles des arbres se dessinent
comme des coquilles rouges au bout de
mille petits bâtons.

Ai-je besoin de vous dire que ces mé-
prises font le plus grand honneur à celui
qui les commet? Elles prouvent d'abord
qu'il ne spécule pas sur sa gloire en réédi-
tant ses œuvres à l'infini. Elles montrent
aussi qu'il conserve les curiosités inquiètes
et les ambitions généreuses de la jeunesse.

La foule se tient en permanence devant
un petit tableau anecdotique de M. Viger.

M. Viger doit être un jeune homme, car
le livret ne lui attribue aucune récompense
et je crois qu'il en mérite. Qu'il ait tort ou
raison de renfermer son talent dans une
étroite période de notre histoire, c'est ce

qui nous importe assez peu. Mais il la possède à fond, cette époque; il en sait non-
seulement les habits et les habitudes, mais
aussi les mouvements, les airs de tête, les
petites roideurs, les emphases comiques et
les grâces compassées. Tous les côtés mi-
gnons de l'ère gigantesque lui sont connus
et familiers. Il sait quels plis faisait le satin
d'une jupe sur les gazons historiques de la
Malmaison; il devine le mouvement angu-
leux d'un grand homme qui cueille des
roses pour sa femme, après avoir battu
Mélas à Marengo. Les tableaux de M. Viger sont de véritables évocations, des re-
vues aimables, silencieuses et froides où le
grand Napoléon, sans tambour ni trom-
pette, assiste au défilé des belles princesses
mortes.

M. Courbet, après une longue éclipse,
reparaît aujourd'hui plus vif et plus brillant que jamais.

Son tableau des *Chevreuils sous bois*
est une œuvre hors ligne. En aucun temps

et en aucun pays, que je sache, on n'a peint plus finement que cela. Le rustique d'Ornans est un paysan du Doubs, comme Metternich était un paysan du Danube. Sa naïveté se compose de tous les secrets, de toutes les malices et de toutes les délicatesses de l'art.

Personne plus que lui n'excelle à rendre les diverses surfaces des choses. Sa peinture, aussi souple que solide, se plie à tous les besoins de l'exécution la plus compliquée; la couleur se fait sable ou rocher, écorce d'arbre ou épiderme de femme; il n'y a que les maîtres pour raser la nature de si près.

Ajoutez que ce diable d'homme a un vif sentiment des beautés naturelles. Il exprime en se jouant la fraîcheur des forêts, la solitude et le silence des retraites mystérieuses. Il ne va pas chercher les bergers d'Arcadie pour les semer dans son paysage, il ne s'amuse guère à suspendre des temples grecs à la cime de ses rochers, et pour-

tant le spectateur y sent parfois un souffle
d'idylle, qui vient on ne sait d'où. Inutile
de questionner l'artiste : c'est un madré
qui ne livre pas ses secrets. Il vous dira
même, au besoin, d'un air innocent :
« C'est la nature qui fait tout ça; moi je
m'en lave les mains. » J'avoue qu'il doit
beaucoup à la nature, mais l'honnête garçon aime à payer ses dettes; il rend plus
qu'il ne doit.

Que manque-t-il à ce paysage pour être
un chef d'œuvre parfait? Presque rien, en
vérité, mais ce peu saute aux yeux du spectateur le plus novice. Les morceaux, pris
à part, sont exquis; les chevreuils vivent;
ils n'y a pas de rochers plus rochers ni
d'arbres plus arbres que ceux-ci. Le terrain? On y marcherait; mais on n'irait pas
loin, car l'espace manque. Les objets si
bien peints ne sont pas à leurs plans, mais
appliqués pour ainsi dire les uns contre
les autres. Ces jolis animaux dont la quié-
tude vous charme seraient perdus sans

ressource si la chasse passait par ici : impossible de sortir; la remise est une prison sans issue.

Pendant que nous tenons le maître peintre d'Ornans, allons, si vous voulez, faire un bout de visite chez *la Femme au perroquet*.

C'est une bien jolie et bien fine créature. Elle est du même père que *les Demoiselles d'Ornans* et tant d'autres margots ; l'état civil du livret en fait foi; mais elle n'est pas du même lit, je vous le jure. Elle a autant de race que les autres en avaient peu : jolies mains, petits pieds, attaches délicates: et la plus fine tête que M. Courbet ait caressée du pinceau, depuis son propre portrait.

Cela étant, il y aurait de l'injustice à tracasser le peintre sur la composition de son tableau, sur cette colonne torse et cette chaise longue, et le bout de paysage qui semble mettre la scène en plein air. Que le perroquet ait l'aile cassée, c'est un petit

malheur: on sait bien que neuf fois sur
dix les peintres n'ont sous la main que des
oiseaux empaillés. Je passe de grand cœur
sur les menus détails en faveur des beautés
réelles de la figure nue. Je pardonnerais
même cette insolente chevelure si singulièrement étalée qu'un critique l'a comparée
à des copeaux d'acajou mis en tas. Mais je
m'insurge hardiment contre le débraillé
voulu et la vulgarité de parti pris qu'on remarque dans les accessoires. Pourquoi la
draperie du fond n'est-elle qu'un vieux
haillon répugnant? Pourquoi cette créature
exquise est-elle couchée sur ses jupes, sur
sa chemise, sur un paquet de loques sans
couleur et sans goût? Est-ce au nom du
réalisme? Mais M. Courbet a fini par reconnaître que la beauté et la finesse des
formes sont aussi réelles que la laideur et
la grossièreté; il doit savoir également que
les belles étoffes et les riches couleurs ont
autant de réalité que les chiffons crasseux.
Allons, maître Courbet! encore une con-

cession, la dernière, et tous les délicats du
monde se rangeront de votre bord. Vous
n'avez plus besoin d'*épater* le public, maintenant qu'il vous admire de bonne grâce.
Renoncez à ce réalisme paradoxal que maître Champfleury, le Courbet des lettres, a
déserté avant vous, et venez le rejoindre
sous les drapeaux de la vérité. Vous avez
déjà fait les trois quarts du chemin; encore
une enjambée, et tout le monde applau-
dira!

J'achève rapidement le tour de ce salon
pour arriver au tableau de M. Tony Robert
Fleury, et je rencontre sur ma route :

Un joli petit *Turco* de M. Couverchel.
M. Couverchel est un de ceux qui nous
donnent la monnaie d'Horace Vernet.

Le Soldat blessé de M. Protais est la
détrempe d'une composition beaucoup plus
forte et plus saisissante. L'artiste a rencontré dans un ravin de la Crimée quelques
cadavres russes oubliés depuis six mois.
Les corps avaient fondu, pour ainsi dire ;

il ne restait que des squelettes dans les uni-
formes presque vides. Autour de ces guenilles humaines qui grimaçaient horrible-
ment, le printemps avait fait son œuvre
accoutumée : l'herbe était émaillée, un
jeune arbuste fleurissait. Saisi d'un con-
contraste si poignant, M. Protais fit un de
ses tableaux les plus dramatiques; mais je
ne crois pas qu'il ose jamais l'envoyer au
Salon. C'est la même idée, un peu affadie,
qui respire dans ce tableau du *Soldat
blessé*. Le sourire de la nature devient
cruel, il semble narguer les grimaces mé-
lancoliques du mourant. Mais le tableau
n'est pas heureux dans son exécution; le
corps du jeune soldat a l'air d'être cassé
en trois ou quatre morceaux qui se séparent; l'uniforme s'affaisse par endroits; on
dirait que l'artiste a repensé malgré lui à
ces capotes des soldats russes qui n'envelop-
paient plus que des squelettes.

Où je retrouve M. Protais tout entier,
avec ses qualités vraiment françaises, c'est

dans le petit tableau du bivac. Le paysage est charmant, le groupe heureux,
les mouvements spirituels et vifs, les physionomies bien militaires et l'allure générale foncièrement troupière. A la bonne
heure ! J'espère que cette petite toile aura
le succès qu'elle mérite et que Protais en-
couragé renoncera enfin à la peinture élé-
giaque où le tempérament le plus robuste
s'amollit.

M. Bin persévère noblement dans la peinture d'histoire : il n'y aura jamais assez de
médailles, selon moi, pour encourager tant
de vertu. Du reste, le talent s'affermit, la
couleur vient, le progrès est visible. Cette
figure d'Hercule furieux est belle de tout
point; elle vaut à elle seule dix tableaux de
genre comme ceux qui vous amusent au
passage. Quelques figures accessoires laissent à dire. Le jeune homme frappé d'une
flèche n'a pas la couleur d'un corps fraî-
chement tué. La flèche, trop saillante au
milieu du ventre, semble plantée dans un

cadran solaire. La figure blonde, qui va
périr sous la massue est d'un sexe indécis.
Je crois que c'est une fille ; mais je n'en ju-
rerais pas. Malgré ces défauts, je maintiens
que la toile de M. Bin est l'œuvre méritoire
d'un talent qui grandit.

La Bataille de Solférino, par M. Tabar, est une des plus sinistres que j'aie
vues. Cette rage des hommes et des éléments est exprimée avec une énergie sombre et contenue : c'est un puissant artiste
que M. Tabar, aussi n'est-il guère à la
mode. L'œil du public est comme un roi ;
il réserve ses faveurs à ceux qui le flattent.

Quand j'ai vu les batailles de M. Yvon,
j'ai senti redoubler mon admiration pour
Horace Vernet. Quand je vois celles de
M. Rigo, je suis presque tenté d'admirer
M. Yvon.

Le Retour du garde-chasse, par M. Busson, est un paysage un peu trop grand
pour le sujet, mais d'une vérité charmante.

La Charrette, de M. Clairin, nous montre un jeune homme de bonne volonté à
la poursuite de Delacroix. Entreprise hardie et dangereuse. Les défauts de Delacroix sont plus faciles à saisir que ses
qualités. Poursuivez un lion à la course :
la première chose qui vous tombera sous
la main n'est ni la griffe ni la dent : c'est
la queue.

L'Achèvement du Louvre, par Ange
Tissier, n'est pas à la hauteur du sujet ; il
s'en faut. Ce n'est guère qu'une collection
de caricatures exécutées dans un style
mollasse et cotonneux.

Quant au terrible général, exécuté par
M. Loudet, il a l'air de sortir d'une boîte
à surprise pour effarer les belles visiteuses
du Salon. J'ai rencontré quelquefois le modèle de ce portrait ; il est populaire dans
l'armée ; il aura même sa place dans l'histoire sous le nom de Renault de l'arrière-
garde. C'est un homme qui porte beau,
comme on dit, mais jamais de sa vie, ex-

cepté devant l'ennemi, il n'a été si farouche que ça.

J'arrive enfin au tableau de M. Tony
Robert Fleury, qui est un des événements
de l'année.

Ce n'est pas seulement la sympathie pour
une grande nation opprimée qui attire le
public autour de ce tableau ; le jeune artiste
doit le meilleur de son succès à lui-même.

La composition est puissante ; la pensée
s'exprime avec énergie et simplicité ; l'œuvre dit nettement ce qu'elle veut dire, ce
qui n'est pas un mérite banal.

Sans explication, sans commentaire, on
comprend l'héroïsme sombre de cette foule
sans armes qui se fait fusiller à bout portant.
Ces vieillards, ces femmes, ces enfants vont
au feu la poitrine ouverte, dans l'espérance qu'on les tuera bien, qu'il y aura
beaucoup de morts et qu'à la vue du carnage dont ils font noblement les frais, la
pitié soulèvera l'Europe.

Les martyrs de la patrie, animés de ce

feu divin que le despotisme des czars n'a jamais pu éteindre, composent le groupe principal. A gauche, un rang de fusils, véritable machine infernale. A droite, dans la fumée, un escadron de Circassiens, tout prêt à balayer la place quand le plus fort de la besogne sera fait. Le tableau parle; il crie, et honni soit le cœur qui ne l'entendrait pas!

II

MM. Ziem, Otto Weber, Vibert, Zamacoïs, Vannutelli, Washington, Vollon, Vautier, Valadon, Todd, Velghe, Worms.

Si vous continuez la promenade en droite ligne, après avoir vu le tableau du jeune Robert Fleury, vous tombez dans la salle qui contient les victimes de l'alphabet.

Les artistes dont le nom commence par un V, par un Y, par un X ou par un Z sont les derniers, de droit, sur les livrets et les catalogues. Sur la listes des récompenses, ils arrivent, à mérite égal ou même supérieur, après leurs concurrents de l'A et du B.

La critique les oublie souvent, ou les traite par-dessous jambe, car l'ordre alphabétique est à peu près le seul possible dans un temps où quatre-vingt-quinze tableaux sur cent appartiennent au *genre* ou au paysage. Or, les expositions sont courtes, on s'étend volontiers sur les premiers ouvrages qu'on a vus, la clôture vous surprend aux trois quarts de la besogne, et vous brûlez les dernières lettres malgré vous.

C'est une injustice que j'ai commise innocemment moi même : pourquoi ne la réparerai-je pas aujourd'hui ?

En avant ! le seuil est franchi ; je tourne à gauche et je tombe sur les deux marines de M. Ziem.

La première est une *Vue de Venise*, en septembre, après la pluie. Permettez-moi de la décrire en empruntant la plume d'un

grand philosophe, qui est un écrivain ac-
compli par-dessus le marché.

« Un vent léger ride les flaques luisan-
tes, et les petites ondulations viennent mourir à chaque instant sur le sable uni. Le
soleil couchant pose sur elles des teintes
pourpres que le ronflement de l'eau tantôt
assombrit, tantôt fait chatoyer. Dans ce
mouvement continu, tous les tons se trans-
forment et se fondent. Les fonds noirâ-
tres ou couleur de brique sont bleuis ou
verdis par la mer qui les couvre ; selon les
aspects du ciel, l'eau change elle-même, et
tout cela se mêle parmi des ruissellements
de lumière, sous des semis d'or qui paillet-
tent les petits flots, sous des tortillons d'argent qui frangent les crêtes de l'eau tour-
noyante, sous de larges lueurs et des éclairs
subits que la paroi d'un ondoiement ren-
voie.

« Le domaine et les habitudes de l'œil
sont transformés et renouvelés. Le sens de
la vision rencontre un autre monde. Au

lieu des teintes fortes, nettes, sèches des
terrains solides, c'est un miroitement, un
amollissement, un éclat incessant de teintes
fondues qui font un second ciel aussi lumineux, mais plus divers, plus changeant,
plus riche et plus intense que l'autre,
formé de tons superposés dont l'alliance
est une harmonie. On passerait des heures
à regarder ces dégradations, ces nuances,
cette splendeur. Est-ce d'un pareil spectacle contemplé tous les jours, est-ce de cette
nature acceptée involontairement comme
maîtresse, est-ce de l'imagination remplie
forcément par ces dehors ondoyants et vo-
luptueux des choses, qu'est venu le coloris
des Vénitiens ? »

Ce chef-d'œuvre de description, qui ferait honneur à Saint-Victor ou à Théo-
phile Gautier, et que nos enfants liront, je
l'espère, dans *les Trésors littéraires* de
l'avenir, est signé Hippolyte Taine, dans
la *Revue des Deux-Mondes* du 15 avril
dernier.

M. Ziem est un Vénitien, quoiqu'il soit
né à Beaune et qu'il travaille à Montmar-
tre. Dans nos Rothschild de la couleur, je
n'en connais pas un qui soit plus riche que
lui. Peut-être a-t-il le défaut de se répéter
un peu, et surtout de transporter sous tous
les climats ces éblouissements de la lumière
vénitienne. Son tableau de *Stamboul au
soleil couchant* ressemble, sauf les lignes
de l'architecture, à un paysage des lagunes.
Cependant le Bosphore n'est pas l'Adriati-
que, il s'en faut.

Le hasard a réuni dans cette salle plusieurs noms de révélation toute récente :
MM. Vollon, Vibert, Otto Weber, Vannutelli, Washington, Vautier. Ce n'est jamais sans émotion que les critiques et les
amateurs abordent les recrues des années
précédentes. Ont-ils gagné ? Ont-ils perdu ?
Ont-ils justifié ou déçu notre confiance ?
Hélas ! il faut en rabattre souvent. Si chaque fleur donnait un fruit, notre globe serait un paradis terrestre.

Et, tenez! sur les jeunes gens que je viens de citer, il y en a deux en tout qui répondent aux espérances du jury et des nôtres. C'est M. Vollon et M. Vautier.

M. Otto Weber est devenu très-habile. Il possède vraiment trop bien ces procédés qui font le succès et la médiocrité de l'école allemande. Certes, ses deux tableaux, le grand et le petit, l'effet d'hiver et l'idylle de printemps, ne sont pas des choses méprisables. Mais on sent que l'artiste pourrait en faire mille pareils sans s'épuiser, parce qu'il ne tire presque rien de son propre fonds. Il y a vingt douzaines d'Allemands en Allemagne et à Paris qui vous feront sur commande, à jour fixe, les mêmes paysages, le même ciel et les mêmes animaux. C'est un poncis plus neuf que les vénérables poncis de Girodet et de Guérin, mais la peinture n'en est pas moins poncive. En regardant ces deux tableaux, on croit entendre la faconde agréable et instructive d'un homme qui sait beaucoup et qui débite des lieux communs pendant deux, trois, dix heures de suite, à la volonté des écoutants. C'est un mérite chez les gens d'un certain âge, mais quand celui qui tient le dé est un jeune homme, j'aime mieux qu'il exprime des idées personnelles, sauf à lâcher une sottise de temps en temps.

M. Vibert s'est fait connaître à nous par un de ces coups d'essai qui promettent des coups de maître. Allez voir le tableau de *Daphnis et Chloé*, et dites-moi s'il n'y a pas de quoi décourager les espérances les plus bienveillantes ! Rarement un jeune homme a peint quelque chose de plus mou, de plus fade, de plus effacé, et (faut-il le dire ?) de plus lâché. C'est l'œuvre d'un garçon qui s'abandonne, non par découragement, mais par excès de confiance, avec l'aplomb d'un homme qui se croit arrivé au but. Non, monsieur, vous n'y êtes pas, vous en êtes plus loin, beaucoup plus loin qu'en 1864, lorsque vous avez obtenu très-justement une médaille. Il faut revenir sur vos pas, et vous remettre à l'école de la nature ; il faut prendre modèle, étudier sur nouveaux frais la forme humaine et la solidité des corps vivants, analyser la lumière et reconnaître que la crasse dont ce Daphnis a les jambes souillées ne ressemble pas à de l'ombre.

Nous avons l'air de vieux maîtres d'études, lorsque nous gourmandons ainsi les jeunes talents que nous aimons le plus. Nos victimes ne voient en nous que des grognons incommodes, pour ne pas dire des ennemis acharnés. Et pourtant, que de chutes on pouvait éviter en se rendant à nos avis ! Voyez le peu qui reste de ce pauvre M. Verlat. Il promettait beaucoup, lui aussi, il y a une douzaine d'années ; seulement, il avait le pinceau sec et dur. On lui cria sur tous les tons : De la souplesse! du moelleux ! Peine inutile : il ne voulut en faire qu'à sa tête, et il trouva, suivant l'usage, des flatteurs ou des maniaques qui

l'aidèrent à persévérer. Aujourd'hui, le
voilà qui expose un paysage où chaque
brin d'herbe, soigneusement peint à part,
a la roideur du fil d'archal. Incurable!
N'en parlons plus, et revenons à ceux qui
n'ont pas encore brûlé leurs vaisseaux.

M. Vibert a peint une *Entrée de toreros* en collaboration avec un jeune Espagnol, M. Zamacoïs. Je n'ai pas de parti
pris contre le principe même de la collaboration; j'avoue qu'elle me paraît surtout
logique entre peintres qui ne cultivent pas
le même genre. Qu'un paysagiste comme
M. Français prie M. Meissonier de lui
peindre ses figures; qu'un peintre d'histoire s'adresse à M. Navlet pour son architecture; que Rubens lui-même, par caprice ou par commande, encadre un petit
tableau dans une guirlande qu'il fait peindre, c'est dans l'ordre; mais la collaboration d'un médaillé avec un inconnu risque
un peu de ressembler à la retouche d'un
écolier par un maître, et nous cherchons

instinctivement quelque chose de magistral.

Cela dit, le tableau de MM. Zamacoïs
et Vibert est neuf, intéressant, d'une coloration vive et franche. Mais les toreros
ont trop l'air de caricatures jumelles, tail-
lées dans le même bois avec le même
couteau. Et le public des gradins, également esquissé en charge, s'entasse sur
un plan unique, au mépris des lois de la
perspective. Il manque donc à cet ouvrage un troisième collaborateur, le per-
specteur.

M. Scipion Vannutelli s'est dit sans
doute que le talent oblige : il agrandit son
cadre et se lance dans le genre historique
au lieu de s'arrêter à l'étage inférieur où
il avait une longue série de succès assurés.
Il a raison, ma foi ! Mais il n'a pas raison
de dessiner si sèchement et de modeler ses
figures en terre cuite. Il a tort de choisir
un effet de nuit où ses personnages ne sont
éclairés ni par la lune ni par le soleil, mais

5

uniquement par la bonne volonté de l'artiste. Il se trompe s'il croit que le rouge, le bleu, le vert conservent dans la nuit leurs valeurs distinctes. Bref, l'expérience est manquée, quoique le tableau de M. Vannutelli fourmille de choses bien observées et de détails ingénieux.

Peut-être aussi la cause de tout le mal est-elle dans le choix du sujet. *Le Cantique des cantiques* est une poésie qui n'a porté bonheur à personne.

M. Washington n'a pas encore obtenu de médaille, mais il s'est fait connaître par un tableau qui annonçait de la vigueur et de la sincérité. Je crois voir que le jeune artiste a fait de tout son mieux pour soutenir une réputation naissante ; peut-être est-il allé chercher des provisions en Algérie ; à coup sûr, il s'est adonné passionnément à l'étude des procédés matériels qui font la bonne et solide peinture. Chacune de ses figurines semble dire ; « Tâtez-moi ça ! Je suis dessinée à la diable, soit,

mais comme je suis peinte en pleine pâte!
ce n'est pas des couleurs, c'est de la chaux
et du sable! »

Certes, M. Washington n'a pas tort de
perfectionner son exécution matérielle,
mais il faut que tous les progrès marchent
de front. Que penseriez-vous d'un auteur
qui donnerait tous ses soins à l'harmonie
et au rhythme de la phrase sans se préoc-
cuper des choses qu'il vous dit? Un tableau
peut être mièvre, fade et froid en dépit
de la pâte la plus saine et de l'exécution
la plus robuste ; on peut loger de l'on-
guent miton-mitaine dans un coffre d'acier
forgé.

M. Vollon s'est fait une réputation de
vaillant coloriste dès ses premières natures
mortes. Non-seulement il n'a pas déchu
depuis lors, mais il a grandi. Son tableau
du *Singe à l'accordéon* est une belle et
bonne chose.

Je vois avec plaisir que M. Vollon ne
veut pas en rester là et faire son lit dans la

nature morte. *Le Retour du marché* indique une ambition plus haute. Il y a de la distance entre une cuisinière et une Vénus ; mais enfin quoi qu'en disent les sots, une cuisinière est une femme.

Ce nouvel et très-louable effort a dû montrer au jeune artiste que la figure humaine est autrement difficile à peindre que toutes les casseroles des Invalides et toutes les volailles de la Halle. Quand l'ombre et la lumière ne sont pas très-correctement distribuées sur un cuivre étamé ou poli, nous ne nous en apercevons pas et nous disons toujours : « C'est une casserole. » Mais si le même accident se produit sur un portrait, même de cuisinière, nous renvoyons le peintre à l'école de dessin.

Un autre avis à l'adresse de M. Vollon. Croit-il bien faire en grandissant à ce point la dimension de ses toiles ? Par leur destination, les tableaux de nature morte sont condamnés, ce me semble, à n'excéder

jamais la mesure ordinaire d'un panneau
de salle à manger. Il faut de la nature
morte dans la décoration comme de la
vertu dans la vie : pas trop n'en faut.
Pour ma part, je donnerais tout *le Retour
du marché* pour ce simple petit groupe
du poulet et du lapin. D'abord, parce que
les deux animaux sont dessinés à ravir et
peints dans la perfection; ensuite, parce
qu'on sait toujours où les loger, tandis que
cette toile immense...! Malgré toutes mes
réserves, M. Vollon, je le répète, est en
progrès.

Le Banquet de funérailles, par M. Vautier, obtient un succès aussi vif et aussi
légitime que cet intérieur de cabaret alsa-
cien qui fut, on se rappelle, le premier
succès de Charles Marchal. Si l'exécution
est moins nette, la couleur moins franche
et le dessin moins serré, l'élément drama-
tique admirablement exploité rétablit l'é-
quilibre aux yeux du public. Beaucoup
d'observation, beaucoup d'esprit, une cer-

taine dose de sensibilité discrète et contenue, un goût irréprochable enfin, voilà
des qualités qui suffisent à racheter un
peu de mollesse. Notez que M. Vautier
n'en est qu'à sa seconde médaille. La
première date de 1865, la deuxième
datera de 1866, ou je ne suis qu'une
bête.

Tandis que nous nageons en pleine jeunesse, laissez-moi vous recommander les
verres d'eau de M. Valadon, les fleurs et
les fruits de M. Todd, *l'Éveil* de M. Velghe?... Non! ce n'est que la contre-épreuve
d'une esquisse de M. Fromentin. Mais
on peut s'arrêter devant le tableau de
M. Worms, qui représente une course de
novillos ou de jeunes taureaux; c'est un
aspect nouveau de la tauromachie, un joli
vaudeville bien gai, avant l'ignoble et san-
glant mélodrame. Sur cette donnée originale, M. Worms a fait un tableau vivant,
animé, spirituel. La science des plans n'y
est pas encore bien profonde, la peinture

est tachée par ci par là, mais j'augure bien
de ce début et j'attends M. Worms l'année
prochaine.

III

MM. Ribot, Tissot, Timbal, Schlesinger, Saintin, Toulmouche,
Otto von Thoren, Schenck, Tournemine, Félix Thomas,
Carl Schloesser.

Certes, **M.** Ribot est un artiste de talent, mais je ne crois pas qu'il suive la
bonne voie.

Rappelez-vous le temps où il était le
peintre ordinaire de la corporation des
pâtissiers. La foule s'attroupait devant ses
compositions gaies et spirituelles, et il n'y
avait qu'un cri ; je me trompe, il y en avait

deux. On commençait par dire : « Ah!
les jolis mitrons! » On ajoutait bientôt :
« Mais qu'ils sont sales! Pourquoi faut-il
qu'ils aient jeté tant de charbon sur leur
linge ? »

Le jeune artiste se fatigua sans doute
d'entendre cette critique, et il s'y déroba
par un détour ingénieux : « Si je déguisais
mes pâtissiers en martyrs, en docteurs du
temple, en personnages qui n'ont pas
l'habitude de fourgonner dans les cuisines,
mes taches de charbon passeraient pour
des ombres. Le public s'est accoutumé à
voir des plaques noires sur les tableaux de
certains maîtres, comme les Carrache, par
exemple, et Ribéra; mon défaut favori va
devenir une qualité; où l'on blâmait un
manque de soin, on admirera un style et
un caractère. »

Voilà comment M. Ribot a laissé la cuisine pour l'histoire et échangé son originalité contre celle de Ribéra.

Le pastiche est flagrant. Passe encore si

le peintre imitait la manière de Ribéra
vivant! Mais non : ce qu'il prend pour
modèle, c'est une peinture noircie par
l'âge et manifestement altérée par l'exagération accidentelle de toutes les ombres.
Il est bien démontré que le temps noircit
à la longue les tableaux les plus clairs :
que fera-il de ceux où l'on a devancé son
action pour paraître plus tôt respectable et
classique? Il les effacera tout à fait. Les
docteurs de M. Ribot, ses martyrs et ses
pâtissiers seront un jour noyés pêle-mêle
dans un flot de cirage où personne ne les
retrouvera : c'est dommage.

En attendant ce mal inévitable, vous
pouvez, comme moi, constater un mal présent. L'abus du noir a déformé toutes ses
figures. Reculez seulement à dix pas et
dites-moi si jamais peintre a réuni tant
de renfoncements dans un seul cadre? Il
n'y a pas de dessin qui résiste à ce pro-
cédé-là !

Mais la couleur s'en porte-t-elle mieux?

Pas même. M. Ribot a des blancs d'une intensité formidable, qui n'émettent pas le moindre reflet. Le petit pâtissier qui remplit le rôle principal dans le tableau du *Christ et les docteurs* est habillé de blanc d'argent. Il en a jusqu'au cou, et son cou n'en paraît que plus noir. C'est une erreur, et des plus graves. Un nègre d'Abyssinie, s'il était de blanc habillé, aurait la peau satinée de quelques reflets blancs. Que fait un photographe quand il veut éclairer vos ombres? Il va prendre un écran de papier blanc et le dispose de telle sorte que le blanc se reflète sur vous.

L'abus du noir arrive à rendre certaines parties inintelligibles. Par exemple, le troisième personnage à la droite du spectateur a le visage coupé par un noir qui en supprime la moitié. La tête existe jusqu'au nez inclusivement; la bouche et le menton disparaissent. Mais où? Dans quoi? Dans l'ombre? Dans une cravate à la Robert-

Macaire? Personne n'en sait rien; c'est la bouteille à l'encre.

Le petit flûteur au nez rouge est barbouillé aussi capricieusement que les autres figures de M. Ribot. Impossible de deviner pourquoi la lumière l'inonde çà et là, quand les parties voisines sont plongées dans les ténèbres les plus épaisses. Qu'un cheval pie soit noir et blanc, par taches, c'est une question de robe; mais qu'un visage humain, exposé en pleine lumière, se plaque de noir et de blanc, cela tient du miracle.

Mais voilà un bien long discours, et qui sait si je ne prêche pas un converti? Les jeunes artistes de notre temps commencent par étaler un bon gros défaut bien visible, bien saillant, bien scandaleux; ils attirent ainsi l'attention du public sur leurs qualités réelles; et quand tous les critiques ont dit l'un après l'autre : « Voilà un joli garçon; quel dommage qu'il ait un nez d'une aune! » l'artiste ôte son nez, qui était de carton.

M. Tissot a fait ses premières armes sous
le drapeau des excentriques. Nous l'avons
vu exagérer, comme à plaisir, l'archaïsme
voulu de M. Leys. Puis il s'est rallié à la
vie moderne, mais en pur fantaisiste; rappelez-vous ces deux portraits de femmes
en blanc qui semblaient se promener dans
un aquarium! Mais la petite pièce est finie;
le nez postiche est tombé; il ne reste plus
devant nous qu'un artiste très-érudit et
très-fin qui sait les choses d'autrefois et
qui voit d'un coup d'œil fort juste les
choses d'aujourd'hui. Les deux tableaux
qu'il expose touchent par un côté à Leys
et par l'autre à M. Alfred Stevens, mais
on voit poindre entre ces deux modèles la
personnalité vraiment distinguée de M. Tissot. Je ne sais si le jury pensera comme moi,
mais je crois qu'il serait à la fois juste et
politique de tuer le veau gras pour cet enfant prodigue qui se range si galamment
au vrai et au bien.

Le grand art est malade; tout le monde

le dit, et quelques-uns s'en réjouissent ;
mais, grâce au ciel, il n'est pas mort. Voyez
plutôt *la Muse et le Poëte*, de M. Timbal.
Les deux figures sont d'un goût très-pur
et très-élevé ; le paysage est à la fois mystérieux et clair ; il y a je ne sais quoi de
virgilien dans cette noble peinture. Il m'a
semblé, en l'admirant hier, que le pauvre
Hippolyte Flandrin n'était pas tout à fait
mort.

Dans le même panneau, vers la droite,
tout contre la porte, il y a un bien joli
portrait signé Edmond Wagrez. La pose
est naturelle et élégante en même temps,
la tête est fine, intelligente, spirituelle.
C'est une œuvre de jeune homme, on le
sent, mais d'un jeune homme bien doué et
artiste jusqu'au bout des ongles.

M. Schlesinger a deux jolies têtes d'é-
tude, et M. Saintin en a quatre, dont deux
charmants portraits au crayon. Beaucoup
de talent, M. Saintin, mais un léger pen-
chant vers le joli. Gare à la porcelaine !

C'est l'écueil ; il est encore temps de
l'éviter.

Le petit drame intime de M. Toulmouche attirera la foule jusqu'au dernier
jour de l'exposition. Le décor est délicieux ;
les artistes adorables ; et les toilettes,
donc ! Simples, élégantes, et d'un goût qui
ne rappelle en rien la famille Benoiton.
M. Toulmouche excelle non-seulement à
intéresser le public, mais à composer un
tableau, à grouper des personnages, à
donner aux figures cet air aisé qui est le
privilége des gens du monde. Toutes ses
étoffes sont de la bonne fabrique et ses
toilettes de la bonne faiseuse ; tous ses
ameublements sont ceux que l'on voudrait
avoir chez soi. Et comme tout s'explique
spontanément dans son drame ou sa comédie ! Les grands yeux bleus de la pâle
mariée semblent chercher à l'horizon un
beau valseur absent et regretté. Les deux
amies, dont l'une embrasse la victime et
l'autre se pelotonne à ses genoux, sont

prises sur le vif. Et la jeune étourdie qui
essaye la couronne devant une glace ! Tout
cela est très-fin et très-juste, et joli, joli,
joli.

M. Otto Von Thoren est, si je ne me
trompe, un officier distingué de l'armée
autrichienne. On comprend donc aisément
que des occupations toutes professionnelles lui aient faitnégliger la peinture. Je
ne retrouve pas en lui tout l'homme que
le dernier salon nous avait fait aimer. Ses
bœufs sont mous et désossés, la couleur en
paraît fade. Le tableau de l'*Escarmouche*
s'explique peu. Les pandours ressemblent
trop aux brigands, et ils sont trop rangés
en ligne ; on dirait une course et non une
bataille. Je sais bien que les pistolets par-
tent, qu'un cheval et un homme sont
tombés; n'importe : il me semble que ces
gens-là font plus de poussière que de besogne.

Les *Chevreuils* de M. Schenck sont bien
dessinés ; ils se groupent très-joliment dans

une composition ingénieuse. Je me demande seulement si leurs corps ne devraient pas s'enlever avec plus de vigueur sur ce fond de neige. Le troupeau du même artiste m'oblige à répéter les reproches que j'adressais tantôt aux peintres allemands. Trop de procédé ; un travail trop convenu et trop facile. On en a treize à la douzaine, de ces moutons-là.

Le tableau de M. Tournemine a un double mérite : c'est du véritable Orient, et c'est un vrai Tournemine. L'artiste est toujours lui ; on le reconnaît de loin ; il possède une originalité qui n'est peut-être pas de premier ordre comme celle de Decamps ou de Marilhat, mais qui ne se dément jamais.

M. Félix Thomas (ne pas confondre : il y a quatre peintres et deux sculpteurs du même nom) est un grand prix d'architecture qui paraît définitivement adonné au paysage. Il a beaucoup de talent et un

instinct du grand qui ne se dément jamais.
Mais, hélas ! ce n'est pas encore lui qui
guérira le paysage historique de sa tristesse
et de son ennui !

J'ai gardé pour la bonne bouche, comme
les fraises du dessert, deux petits tableaux
familiers et spirituels qui attirent beaucoup
de monde. On ne les approche guère plus
aisément que la caravane de Fromentin ou
les têtes coupées de Gérôme. Toutes dis-
tances gardées, les deux derniers ouvrages
de M. Carl Schloesser justifient assurément l'intérêt qu'ils excitent. Les villageois
qui écoutent le sermon sont fort bien ob-
servés et comme saisis sur le vif, dans la
diversité des physionomies et des attitudes.
Et ces deux bambins allemands que la
maman balaye de la maison, bien malgré
eux, pour les envoyer à l'école, sont aussi
plaisants l'un que l'autre : mon cœur ba-
lance entre le gros brun qui se mutine et
le petit blond qui se désole. Ah ! c'est
qu'on ne badine point là-bas sur l'instruc-

tion obligatoire. Un jour que nous vou-
lions embaucher quelques écoliers pour
une battue, le plus grand nous répondit
en secouant la tête :

« On voit bien que vous ne savez pas la
loi.

— Qu'est-ce qu'elle te ferait la loi, si
tu manquais la classe pour traquer chez
nous ?

— Elle infligerait l'amende à mes pa-
rents et à moi la schlague. »

Pas sotte, la loi du grand-duché de
Bade.

On dit encore par habitude : Spirituel
comme un Français. Moi, je ne connais
rien de plus spirituel que les Allemands.
Quelquefois même au Salon, je trouve
qu'ils abusent de l'esprit.

Ce qui manque encore à M. Carl Schloesser, c'est l'art si difficile de ranger les
figures à leur plan. Dans ce charmant tableau du *Sermon,* chacun tire de son côté :
les uns s'enfoncent derrière la toile, les au-

tres s'avancent vers le public; et pourtant
l'intention de l'auteur serait plutôt de les
laisser tous en place.

IV

MM. Penguilly-Lharidon, Philippe Rousseau, Rodakowski,
Puvis de Chavannes, Schützenberger, Sirouy, Sellier, Saint-
Pierre, Sain, Th. Salmon, Ronot, Riedel, Plassan, Ruipe-
rez, de Rudder, Scheffer, Saal, Rossi; Mlle Riesener.

M. Penguilly-Lharidon ne participe pas
de l'infaillibilité romaine. Quand il réussit
complétement, il excelle; quand il ne réussit qu'à moitié, comme aujourd'hui, il est
encore hors ligne par l'originalité des
conceptions et le voulu de l'exécution. Ses
erreurs mêmes ont cela d'enviable qu'elles

ne sont pas accessibles à tout le monde, car on n'y peut tomber que de haut. C'est un malheur de se casser une aile, mais on est bien plus malheureux quand on n'a pas d'aile à casser.

Le péché mignon de M. Penguilly, son erreur favorite, c'est de mal placer le tableau dans sa toile. Presque toujours il écourte le ciel au profit du premier plan. La chose est d'autant plus regrettable aujourd'hui que le ciel, les montagnes du fond et la mer sont justement les parties exquises du tableau ; tandis que les rochers et les terrains du premier plan n'offrent qu'un intérêt secondaire.

Le troupeau de Neptune est très-original à voir et groupé avec infiniment d'esprit. Ces phoques ont des physionomies tantôt graves, tantôt plaisantes, curieuses toujours. Rien de plus amusant que le petit nourrisson qui vous regarde de ses gros yeux en appuyant sa nuque au ventre de la mère : on l'entend dire papa et maman.

Quant au Protée qui surveille cette collection de monstres, il est manqué, par malheur. C'est un comparse de féerie, et non le Caliban qu'il faudrait pour garder un tel troupeau. Je m'étonne que M. Penguilly, dans son originalité puissante, n'ait pas créé un type d'homme-marin, de demi-dieu polaire, accoutré d'une peau de phoque comme les chevriers de la montagne s'habillent d'une peau de bique, et lié par une sorte d'affinité visible à ses ouailles amphibies.

Ou je me trompe fort, ou M. Philippe Rousseau vient de se donner une belle leçon à lui-même.

J'invite l'éminent artiste à comparer sérieusement ses deux tableaux de cette année. Il verra que le singe photographe qui lui a coûté tant de temps, de travail et de soin ne vaut pas à beaucoup près ces chrysanthèmes, gras, puissants, largement traités, et d'une tournure toute magistrale. Les chrysanthèmes ne sont pourtant qu'une

simple étude d'après nature, arrangée tar-
divement en tableau.

La morale de cet apologue est que
M. Philippe Rousseau doit avoir gâté plus
de vingt petits chefs-d'œuvre en sa vie
pour vouloir trop les finir. Il ne se fie pas
assez à son tempérament, qui est admirable, et il demande trop au travail. Il s'expose au même accident que cette pauvre
mère ourse qui lécha beaucoup son enfant,
pour le faire très-joli, et s'aperçut trop
tard qu'elle en avait mangé la moitié.

Le cardinal de M. Rodakowski est l'œuvre
d'un vrai coloriste. Rien de plus riche et
de plus beau que ces deux rouges superposés, sans compter le rouge de la face qui
fait trois. Mais que la tête est molle et peu
dessinée! Ce n'est pas même une praline
dans du coton, car les pralines ont une solidité qui manque ici.

M. Puvis de Chavannes est arrivé à cette
période du talent et de la renommée où
l'artiste adopté par le public, incontesté

par la critique, peut consacrer six mois et
même un an à des expériences hardies et
tenter des choses nouvelles. Après avoir doté
la ville d'Amiens d'une grande et magnifique décoration, le voilà qui s'aventure
dans des sentiers périlleux. Il aborde le
camaïeu, et il le porte à des dimensions
inouïes; et, comme s'il prenait plaisir à
entasser une difficulté sur une autre,
il introduit dans un tableau obstinément
bleu les jaunes détonnants de la majo-
lique.

Quelle que soit votre opinion sur le résultat, il faut rendre justice à l'audace de
l'entreprise. M. de Chavannes la met sous
les auspices de la Fantaisie, une divinité
qui s'est terriblement galvaudée depuis dix
ans, mais qui peut encore, grâce à Dieu,
inspirer des idées nobles et poétiques. Cette
élégante figure bleue, aux cheveux d'or qui
lance une liane autour du cou de Pégase
comme pour le prendre au *lazo*, est mo-
delée plus délicatement que toutes ses aînées.

Le torse est plein de finesses adorables, de
méplats délicieux.

Dans la salle voisine, vous rencontrerez
une figure de la même grandeur et exécutée dans un tout autre esprit par M. Puvis
de Chavannes. Le bleu fait place à une
couleur ambrée d'une suavité étrange. Cette
grande femme qui se tient debout sur un
promontoire, élevant sa lampe allumée,
c'est la Vigilance. L'Aurore qui paraît derrière elle vient la relever de sa longue et
pénible faction. L'idée est grande et belle,
et la composition magistrale; mais la lumière du matin, nécessairement indécise,
voile un peu les délicatesses du modelé.

M. Louis Schützenberger a fondé sa
réputation sur de charmants tableaux de
genre dont l'Alsace, sa patrie, avait fait
tous les frais. Je crains qu'il ne s'égare un
peu dans la fantaisie mythologique. Assurément, sa tête de faunesse est jolie, et son
couple de centaures amoureux ne manque
ni de jeunesse ni de grâce. Mais les cen-

taures sont devenus des personnages terriblement invraisemblables en 1866. On les
admet encore à la rigueur comme com-
battants : ils personnifient alors l'union intime du cheval et du cavalier. Mais dans
l'idylle, ils ne vont plus. Leurs sabots sont
trop lourds pour folâtrer parmi les fleurs;
notre bon sens s'effarouche à l'idée de voir
ces monstres pêcher à la ligne. Et pourquoi
faire, grands dieux ? Vont-ils manger les
poissons qu'ils ont pris ? ces trois ou quatre
malheureuses petites perchettes ? Si le hé-
ron de la Fontaine ne trouvait pas le goujon
digne de lui, qu'est-ce que le centaure doit
penser de la perche ? Songez donc que,
comme cheval, un centaure, mâle ou fe-
melle, a déjà un intestin long de vingt mètres, sans compter les organes de son corps
humain ! Les physiologistes vous diront
que, sous peine de mort, cette jolie cen-
tauresse doit manger une quantité de four-
rage que ses petites dents de femme sont
incapables de broyer. Et qui est-ce qui

n'est pas un peu physiologiste aujourd'hui?
Qui est-ce qui ne raisonne pas un peu?
Qui est-ce qui ne s'est pas demandé, avec
une certaine répugnance, dans quelles conditions l'amour pourrait exister entre centaures et centauresses?

O Schützenberg, mon bon ami, laissez
la mythologie aux naïfs qui peuvent y
croire, parce qu'ils ne descendent pas au fond
des choses, et vous qui êtes vrai, qui êtes
fin, vous qui êtes un des plus spirituels
enfants de l'Alsace, revenez à ces bons tableaux de genre qui nous ont fait tant de
plaisir!

Le sens commun est devenu une denrée
si commune que l'artiste ou l'écrivain doit
y regarder à plusieurs fois avant de nous
présenter une fiction mythologique.

Écoutez le père et le fils qui s'arrêtent
devant le *Tantale* de M. Sirouy :

— Papa! C'est beau, cet homme-là; qui
est-ce?

— Tantale, mon enfant. Le nom te dit

quelle fatalité pèse sur ce malheureux. Du
reste, M. Sirouy a parfaitement caracta-
risé son supplice. Il est dans l'eau jusqu'à
mi-corps ; les figues et les raisins pendent
sur sa tête, mais il ne peut ni boire ni
manger. De là, cette maigreur et cette coloration verdâtre qui le font ressembler à
un damné d'Eugène Delacroix.

— Mais, papa, s'il est dans l'eau, qu'est-
ce qui l'empêche de boire ?

— La fatalité.

— Mais, s'il piquait une tête, est-ce que
la fatalité serait assez puissante pour l'em-
pêcher de boire un coup ?

— Oui ; l'eau fuirait à l'approche de ses
lèvres.

— Je voudrais bien voir ça. Et ces raisins, ces figues qui sont là, sous sa main,
pourquoi ne va-t-il pas les cueillir ? Il a
pied, le bord n'est pas loin, et il ne faudrait
qu'une enjambée.

— Mais la fatalité l'enchaîne à cette
place.

— Avec quoi ?

— Je n'en sais rien. Et, d'ailleurs, s'il faisait un pas vers ces beaux fruits, les fruits reculeraient d'autant.

— Papa, c'est impossible, puisque les arbres n'ont pas de jambes et que Tantale en a deux. Mets-moi seulement à sa place, et tu verras. Je commencerai par prendre un bain dans cette belle eau claire, puis j'aborderai là, sous le figuier, puis je me régalerai de figues et de raisins, et j'aurai passé une charmante après-dînée. »

Cette critique assez solide au fond, quoique futile en apparence, ne s'adresse qu'au sujet choisi par M. Sirouy. Le mérite intrinsèque de l'œuvre reste entier, et je dois dire qu'il n'est pas mince. M. Sirouy s'était fait connaître depuis longtemps comme un lithographe de premier ordre ; il se révèle aujourd'hui sous un autre aspect et prend place du premier bond parmi nos peintres distingués.

M. Sellier est un artiste qui naguère, en

1857, a été transporté de Paris jusqu'à
Rome sur un rayon de la lune. Cette circon-
stance paraît avoir exercé une action dura-
ble sur le talent du jeune grand prix. Je
me souviens qu'à la villa Médicis nous lui
reprochions déjà cette mélancolie de parti
pris, ce procédé qui consiste à baigner
tout un tableau dans une ombre transparente, sauf un point qui émerge, brillant et pâle, comme le sourire de l'antique
Phœbé. Mais la discussion et les plaisan-
teries de l'école, qui sont pourtant un
dissolvant assez actif, n'ont pas entamé le
système.

M. Sellier est revenu à Paris sur le
même rayon de la lune qui l'avait emporté
là-bas; il a définitivement adopté une manière. Je crois qu'il ferait mieux de s'en tenir à la simple nature, mais il faut avouer
que le talent perce, brille et souvent éclate
sous les voiles obstinés de son maudit clair
obscur. L'an dernier le jury des récompenses a fort bien su dénicher dans l'om-

bre des glacis une figure harmonieuse et belle. Aujourd'hui le public, sans trop s'arrêter à la surface trop saucée, admire un beau portrait de femme, bien campé, savamment ajusté et peint avec un goût quasi magistral. Si je jette mon grain de poivre dans un succès si doux et si bien mérité, ce n'est pas pour empoisonner la joie d'un jeune camarade très-sympathique , mais pour le décider à chasser les nuages qu'il accumule lui-même devant ses meilleurs tableaux.

Le *Sommeil de la Nymphe*, par M. Saint-Pierre, nous promet un peintre d'histoire. La grâce et le moelleux de cette aimable figure n'excluent pas la sévérité du goût et une certaine élévation. Saint-Pierre et Jourdan, voilà deux écoliers qui pourraient bien passer maîtres, et qui font grand honneur à l'atelier de M. Jalabert, M. Saint-Pierre n'est pas encore à la hauteur de M. Jourdan, mais avec un peu d'effort!... Je crois lui rendre service en indiquant le côté où il penche : c'est la mollesse qu'il doit éviter.

Les fouilles de Pompéi, qui nous ont valu, l'année dernière, un chef-d'œuvre de M. Français, viennent encore d'inspirer, et très-heureusement, un certain nombre d'artistes. Je parlerai en temps utile du rêve poétique de M. de Curzon et de ces Muses vaporeuses qui sont peut-être le meilleur ouvrage de M. Hamon. Il s'agit aujourd'hui d'une réalité toute positive, mais très-intéressante et très-pittoresque. M. Sain a groupé avec infiniment de goût les belles filles napolitaines qui travaillent au transport des déblais et qui voiturent à pleine corbeille la pierre ponce émiettée par le volcan. Cette peinture un peu crue, est très-saine et très-vivante. Peut-être la composition pourrait-elle être moins apprêtée ; les personnages posent trop ; on pense, malgré soi, à ces tableaux de fin d'acte où chaque comédien et les comparses eux-mêmes prennent une attitude imposée

7

et restent *fixe* jusqu'à la chute du rideau.
Mais, malgré ce petit défaut, M. Sain obtient un succès assez vif, et il le mérite.

De la célèbre dynastie des Scheffer, il ne
reste qu'un jeune héritier, M. Arnold
Scheffer, fils d'Henri, neveu du grand Ary,
et fort désireux, je crois, de porter digne-
ment un nom si lourd. Il lui reste un bon
bout de chemin à faire pour rejoindre les
chefs de sa famille; mais je pense qu'il a
raison de ne désespérer de rien. Ce jeune
artiste a du goût, une instruction déjà
étendue, et un vif sentiment des choses de
son art. Son tableau de *Charles IX et sa
mère* est un intérieur pittoresque où l'on se
sent en pleine Renaissance. L'ameuble-
ment est curieux, recherché, brillant,
peut-être un peu confus, faute d'une perspective assez savante. On ne distingue pas
assez les objets réels des choses peintes : les
perroquets du premier plan, par exemple,
n'ont guère plus de relief que les figures
dessinées sur la tapisserie du fond. La tête

de Charles IX est bonne, quoique un peu
lourde; je goûte moins le portrait de Catherine de Médicis. On ne se rappelle pas
assez que la terrible Florentine avait été
très-belle en son jeune temps, et rieuse, et
volontiers grivoise.

M. Th. Salmon s'est fait connaître il y a
dix ans par des tableaux réalistes où le din-
don jouait presque toujours les premiers
rôles. Je retrouve l'artiste en visible progrès,
dans une toile placée trop haut. Pas plus
de dindons que sur la main, mais un intérieur pauvre et rustique où une jeune et belle
créature allaite un gros poupon bien portant. Le soleil sourit paternellement à cette
misère épanouie. A travers les carreaux sa-
lis et les rideaux de toile d'araignée, un
rayon chaud s'introduit dans la chaumière
et allume des étincelles sur le sein plan-
tureux de la commère et les petons gras du
fiot. Peinture grasse et plantureuse ; M. Salmon paraît avoir franchi la limite qui sépare le réalisme de la réalité.

J'en dis autant de M. Ronot. Son *Four banal* est une composition bien agencée, où les figures se trémoussent gaiement, sans grimace. Il n'y a ni ducs ni princesses en scène, mais vous y chercheriez en vain cette vulgarité voulue, ces laideurs soigneusement cherchées qui faisaient les délices des anciens réalistes. Bon tableau, fortement bourré de nature et de vie.

Il me reste à citer un beau *Clair de lune* dans la forêt de Fontainebleau, par M. Saal, une jolie pochade d'après nature par M. de Rudder, et une *Vue de Pœstum*, claire, fine et distinguée, par M. Riedel.

Le Dessert, de M. Plassan, est bien spirituellement traité, mais le modèle des figures pourrait être moins martelé.

M. Ruiperez, un jeune Espagnol que je remarque pour la première fois, semble destiné à grossir la petite cohorte qui suit notre illustre Meissonier. Il ne manque ni d'esprit ni de finesse; mais il n'a pas encore mis la main dans l'écrin du maître.

Les figures sont ternes ; il faudrait semer
là-dessus cette poussière de diamant que
Meissonnier prodigue à pleines mains.

Un adroit Italien, M. Rossi, a découvert une mine à Venise. Il en extrait, bon
an, mal an, une douzaine de tableaux très-
curieux, très-remuants, d'une coloration
suffisante, égayés par une multitude de
costumes à la Tiepolo. Si la distance est
grande entre M. Rossi et le divin Canaletti, je dois dire, en bonne justice, que
nous avons peu de peintres, en cette spécialité vénitienne, plus habiles que M. Rossi.

Mlle Rosalie Riesener est fille du grand
coloriste qui peignit *la Bacchante* et *la
Léda*. Le portrait qu'elle expose semble
éclos dans l'atelier de Lawrence. Il y a là
un sentiment d'élégance, un grand air, un
goût de noble ajustement, dont le modèle
a fourni sa part, j'en conviens ; mais la
jeune artiste y est bien pour quelque chose.
Le velours de la robe est merveilleusement rendu ; mais tout le monde, même

M. Claude Monet, peut exécuter une
robe, Faire un portrait, voilà le tour de
force, et j'admire qu'une jeune fille, même
si bien née et élevée à si bonne école, y ait
réussi du premier coup.

V

MM. Poncet, Roller, Pérignon, de Pommayrac, le Poittevin, Porion, Porcher, Edmond Renault, Pasini, Roybet. — Quelques mots sur l'Exposition rétrospective.

La peinture religieuse n'est pas encore abandonnée de tous nos hommes de talent ; je dois pourtant avouer que les tableaux d'église deviennent plus rares d'année en année. Cette décadence ne s'explique pas seulement par les progrès du scepticisme ; il y a une autre raison que voici :

Les tableaux religieux sont immeubles

par destination, et ils se conservent beaucoup plus longtemps que les autres. Or,
nos cathédrales et nos églises ont reçu à peu
près toute la décoration intérieure qu'elles
comportent ; là plus mince paroisse est en
possession de quelques toiles exécutées sur
place par le meilleur artiste du cru ou ex-
pédiées de Paris par la munificence des bu-
reaux. L'art, comme tous les autres genres
de production, subit les lois de l'offre et
de la demande. La demande étant presque
nulle, la production se ralentit forcément,
sous peine d'encombrer le marché et d'é-
craser les prix.

Les artistes se rejettent sur la peinture de
genre, qui est un article de plus en plus
demandé. Le public consommateur s'est
accru dans des proportions étonnantes. On
construit partout des hôtels, qu'il faut
meubler de tableaux. Le plus modeste appartement en location s'enrichit de quelques peintures : la production suffit à peine
à ce besoin toujours croissant. Ajoutez

qu'une mortalité sévit sur les tableaux de
chevalet. Les incendies, les déménagements,
la brutalité des restaurateurs et l'imbécillité
des propriétaires en détruisent beaucoup.
Quelques-uns, mal conditionnés, se détruisent tout seuls et tombent par écailles. On
en a fabriqué plus d'un million depuis le
commencement du siècle ; je parie qu'il
n'en reste pas la moitié. Or, nous sommes
37 millions de Français : il se passera donc
bien du temps avant que la statistique pu-
blie que les Français possèdent un tableau
par tête. La marge est considérable, et le
chômage des peintres de genre ne paraît
pas à redouter.

Mais les derniers Mohicans de la peinture
religieuse ont droit à toutes nos sympa-
thies. La critique leur doit des encouragements... j'allais dire des consolations. C'est
œuvre pie que de dire les dernières paroles
sur la tombe d'un art qui s'éteint. Si le public léger de notre époque passe indifférent devant les sublimités éthérées de l'art

pieux, s'il dédaigne les *Saint Sébastien*
lardés de flèches et les *Saint Laurent* ris-
solés, s'il ricane devant les fronts cerclés
du nimbe et plaisante sur la maigreur qua-
dragésimale des ascètes, le sacerdoce de la
critique nous commande de faire une sta-
tion, de temps à autre, au seuil des sanc-
tuaires abandonnés.

Ce devoir aujourd'hui ne sera pas une
corvée, car, dans tout le Salon de 1866,
il n'y a qu'un seul tableau religieux qui
mérite d'être cité. Il représente l'apparition de Jésus à Madeleine, et il a pour
auteur M. Poncet, élève de notre cher et
regretté Flandrin.

Si Flandrin pouvait revenir une heure
parmi nous, sous un prétexte quelconque,
par exemple, pour assister à l'installation
d'un portrait, son chef-d'œuvre, au Tri-
bunal de commerce, je suis sûr qu'il se
consolerait un peu de ses chagrins post-
humes en voyant le dernier tableau de
M. Poncet. Il féliciterait de grand cœur

l'artiste qui lui rend hommage en le continuant si bien. Ce tableau respire l'art le
plus pur et le plus élevé. Sauf la tête du
Christ, qui est peut-être trop moderne,
tous les morceaux sont excellents. Les nus,
les draperies, le paysage, tout concourt à
produire un ensemble doux, chaste et singulièrement harmonieux. L'art classique
a montré quelquefois une vigueur plus
saisissante; nous l'avons vu rarement plus
sage, plus sympathique et plus pur.

Deux bons portraits de M. Roller, deux
jolies têtes de M. Pérignon, qui ne se
contente plus de vernir excessivement ses
toiles, mais encore fait boire à ses modèles
un demi-litre de vernis ; une grande,
grande, grande miniature de M. de Pommayrac ; une vue des bains d'Étretat, cro-
quée avec beaucoup d'esprit par M. Le
Poittevin ; un groupe de Bohémiens pris
sur nature avec une certaine puissance,
par M Porion ; un joli petit paysage ma-
tinal de M. Edmond Renault, un Étang

de Cernay, traité avec beaucoup de largeur et de sérénité, par M. Porcher : voilà un lot qui n'est pas sans valeur ; que vous en semble ?

J'insiste sur le paysage de M. Porcher, parce que l'artiste me paraît nouveau venu parmi nous. Les eaux sont claires, les lignes sont belles ; la toile exprime un goût de simplicité qui attache. M. Porcher semble procéder d'Appian ; par quelle affinité secrète un peintre d'Orléans se rencontre-t-il avec le plus modeste et le plus charmant paysagiste de Lyon ? La nature leur a conté les mêmes secrets sans les présenter l'un à l'autre. Je voudrais seulement que M. Porcher s'enhardît, et qu'il égayât sa peinture de quelques traits lumineux.

M. Pasini est arrivé juste au point où l'artiste obtient autre chose que des médailles ; le stage qui se fait dans les récompenses inférieures est achevé pour lui depuis 1864. Il semble que ce vaillant artiste

ait compris la situation et voulu donner un
de ces coups de collier qui arrachent leur
homme de l'ornière.

Son cortége de prisonniers en Perse est
une pièce d'importance ; le *chef-d'œuvre*
du compagnon qui demande à passer maître. L'artiste a pris un cadre un peu
moins grand que d'habitude ; il y a entassé
toutes ses qualités connues, et quelques-
unes que nous ne lui connaissions pas encore. C'est un tableau plus nourri, plus
corsé, plus plein que ses premiers. Les
figures y tiennent plus de place, elles n'y
sont pas ensevelies par l'énormité du paysage. Le paysage même est plus intéressant, plus riche en détails. La tonalité
générale est discrète ; la crudité de la
verdure, l'âpreté des rochers se cache
dans une enveloppe aérienne puissante et
chaude. Le pinceau parle, mais il ne crie
pas ; il ne s'adresse qu'à ceux qui savent
et qui comprennent ; c'est la modestie des
forts.

Ai-je besoin d'ajouter que les chevaux de M. Pasini sont esquissés à merveille, que le mouvement et le dessin de ses figures est toujours vif et vrai? A quoi bon insister sur des qualités que tout le monde lui connaît depuis ses débuts? La critique n'est pas faite pour recommencer tous les jours le travail de la veille, mais pour signaler les talents nouveaux, applaudir aux progrès, relever les défaillances, réveiller la paresse et déplorer les chutes quand elles sont définitives et sans remède.

Ceux à qui nous disons des vérités désagréables aiment mieux nous accuser de malveillance que de corriger leurs défauts. La chose est plus facile, j'en conviens; mais le public de bonne foi, s'il a pour deux sous de mémoire, doit avoir constaté que la critique se met en fête à l'apparition d'un talent nouveau. Rien de plus simple, au fond : la critique ne vit que sur le talent des artistes; elle n'aurait plus de raison d'être si le recrutement des talents

venait à s'interrompre. Lorsque des écrivains de premier ordre se sont révélés au
théâtre, comme Augier et Dumas fils, est-
ce que tous les feuilletons dramatiques
n'ont pas illuminé ? N'a-t-on pas acclamé la
première bonne pièce de Sardou ? Les bons
livres des jeunes gens n'ont-ils pas, dès le
lendemain, tout le succès qu'ils méritent ?
Demandez à M. Claretie, à M. Robert
Halt, à M. Jules Vallès, à tous ces jeunes
talents qui ont fait éruption ces jours derniers, si la chaleur de la critique n'a pas
dépassé toutes leurs espérances ? On leur
sait gré non-seulement de ce qu'ils donnent, mais de ce qu'ils promettent, tant le
besoin d'admirer est inhérent à la profes-
sion de critique ! Ici même, au Salon,
pensez-vous que nous voyions avec indif-
férence un début éclatant comme celui de
M. Roybet ?

Il y a quinze jours je ne connaissais pas
le nom de ce jeune homme. Je rencontre
un tableau original, puissant, d'une cou-

leur éclatante et savante. Je me sens attiré,
je m'approche ; je vois que le dessin n'est
nullement indigne de la couleur ; que la
tête du fou est très-fine et très-spirituelle,
que les dogues tenus en laisse sont parfaitement modelés ; bref, il est évident, à
mes yeux, qu'il vient de naître un artiste
complet, armé de toutes pièces, comme
Minerve sortit du crâne de Jupiter. Je vous
réponds, ami lecteur, que lorsqu'on fait
une trouvaille comme celle-là on n'a pas
perdu sa journée.

D'où vient-il ? Quels ont été ses maîtres ? De qui tient-il ces qualités qui le pla-
cent lui-même au rang des maîtres dès son
premier pas ? Le livret n'en dit rien ; il dit
en son langage sec :

« Roybet (Ferdinand), né à Uzès (Gard),
rue Friant, 28, Petit-Montrouge.

« 1702. *Un Fou sous Henri III.* »

Et ces trois lignes annoncent l'éclosion
la plus imprévue, la plus rapide, la plus

miraculeuse à laquelle nous ayons assisté depuis longtemps.

J'ai l'air de me monter la tête : Eh bien, oui ! Ce tableau m'a rendu fanatique pour le talent d'un homme que je n'ai jamais vu. Mais si l'on croit que j'exagère en le mettant d'emblée parmi les maîtres, il y a une expérience facile à faire.

M. Haro, peintre, marchand de tableaux et connaisseur très-distingué, vient d'ouvrir, au palais de l'Industrie, une exposition rétrospective. Dans une grande salle qui fait suite aux galeries de dessins, il a réuni un beau choix de chefs-d'œuvre empruntés aux galeries particulières. Les plus riches et les plus intelligents amateurs ont dépouillé leurs galeries au profit de cette exposition : M. Duchâtel, M. Nathaniel de Rothschild, M. Henri Didier, M. Schickler, M. Pereire, M. Boittelle, M. Chaix d'Est-Ange, M. Paul de Saint-Victor, les sommités de la finance et de l'intelligence ont contribué à cette œuvre de haut en-

8

seignement artistique. Quand vous avez les
yeux fatigués de l'exposition, comme d'un
kaléidoscope, vous pouvez aller prendre
une demi-heure de repos au milieu des
Rembrandt, des Rubens, des Titien, des
Memling, des Murillo, des Véronèse. C'est
un bain moral qui soulage et qui remet
dans son assiette votre esprit tiraillé en
tous sens. Les amateurs intelligents et les
plus jolies femmes de Paris semblent avoir
adopté ce régime depuis trois jours que
l'exposition rétrospective est ouverte. Hier,
à cinq heures, j'y ai compté cent personnes
du meilleur monde, et entre autres l'auteur de l'*Histoire de Jules César*.

L'École française est représentée dans
ce salon d'élite, et je dois avouer que tous
nos maîtres ne se soutiennent pas dans le
voisinage des Italiens, des Espagnols et des
Flamands. Géricault, oui ; mais Léopold
Robert, non. Ni Decamps, ni Delaroche,
ni surtout Ary Scheffer.

Pour revenir à mon sujet, je voudrais

voir le *Fou* de M. Roybet installé pour
une heure dans l'exposition rétrospective,
et je parie dix contre un qu'il y tiendrait
son rang.

LE CAPHARNAÜM DE L'EST

LE CAPHARNAÜM DE L'EST.

VI

Un célèbre faiseur de phrases a dit élé-
gamment que Paris est un désert d'hommes. Il exprimait ainsi la solitude où l'on
est dans la foule la plus épaisse et la plus
remuante quand on n'y connaît personne.

, La grande salle carrée où nous venons
d'entrer me fait un peu l'effet d'un désert

de tableaux. J'ai entendu une jolie visiteuse
qui disait à son cavalier :

« C'est sans doute l'exposition des demi-
refusés. »

En principe, je goûte fort un système
de classement qui réunirait dans trois salles
les tableaux dignes d'être vus, laissant le
médiocre, le mauvais et le pire s'étaler librement dans une longue suite de galeries.
Les délicats et ceux qui n'ont pas de temps
à perdre sauraient, dès l'ouverture, qu'ils
ont trois salles à visiter. Les chercheurs
de nouveaux talents, les redresseurs de
torts, mes confrères en don quichottisme,
battraient la plaine aux alentours et cher-
cheraient un bon tableau dans la foule des
mauvais. Le public glouton avalerait tout
indistinctement, suivant son habitude. Ce
qui l'attire n'est pas le mérite intrinsèque
d'un tableau. Tant que son éducation ne
sera pas faite, c'est-à-dire pendant bien
des années encore, la foule ira feuilletant
les expositions comme un baby feuillette

un livre d'images, sans s'arrêter aux pages
qui ne font ni rire ni pleurer.

Ce parti aurait l'avantage de déblayer
le spectacle, de mettre à part les trois
cents bons tableaux qui nous intéressent,
sans toutefois exclure personne. Il n'y aurait pas de refusés, il n'y aurait que des
mal placés. Or on ne se tue pas pour être
mal placé; on ne va pas exhaler dans les
brasseries ténébreuses ces lamentations
entrecoupées de hoquets qui se répercu-
tent jusque dans les journaux.

Mais si les organisateurs de nos expositions
se décident à faire une chose si juste et si
logique, il faudra qu'ils opèrent le placement avec conscience; j'entends avec une
conscience artistique, car les questions de
morale privée n'ont rien à démêler avec
l'art. Lucrèce, femme de Collatin, la plus
vertueuse des dames romaines, sera reléguée
impitoyablement parmi les croûtes, si le tableau qui la représente ne vaut rien. L'art
et la chasteté sont deux choses distinctes et

qu'il ne faut mêler sous aucun prétexte. Il serait absurde de cacher l'œuvre d'un homme de talent, sous prétexte qu'elle est plus ou moins pornographique. Les grands maîtres de tous les temps ont cherché de beaux modèles ; ils ont peint énormément de filles et de toutes les catégories : filles à soldats, filles à monarques ; on n'y regardait pas de si près, pourvu qu'elles fussent belles. Pourquoi le palais de l'Industrie afficherait-il des scrupules que le musée du Louvre n'a point ?

Cela dit, je constate que depuis au moins deux ans la commission semble essayer timidement une sorte de classement par approche. Elle place au cœur même de l'exposition les œuvres qui lui paraissent les plus intéressantes ; elle relègue aux deux extrémités, en vertu de je ne sais quelle force centrifuge, les tableaux qu'elle croit devoir sacrifier. Soit. Mais lorsqu'on adopte un principe, il faut le suivre dans toutes ses conséquences. Un bon tableau, noyé dans

le salon carré de l'Est, nous étonne et nous
scandalise autant qu'une croûte à la cymaise
du salon dit l'honneur.

Certes, la place de M. Mazerolle n'est
pas ici. M. Mazerolle est un décorateur habile et savant. S'il n'a pas la simplicité grandiose de M. Puvis de Chavannes, s'il est
loin de la perfection que Paul Baudry atteint
en ce moment, il sait beaucoup, il peint et
dessine vraiment bien ; il est un des premiers vulgarisateurs qui ont fait pénétrer
le bel art dans le domaine de l'industrie. Sa
figure allégorique de la *Chasse* fera une
tapisserie magnifique.

Les *Marionnettes de l'amour*, par
M. Léopold de Moulignon, manquent un
peu de la vigueur et de la netteté que la
décoration réclame. Mais il y a de la grâce
et de l'esprit dans ces figurines, et il était
facile de les loger ailleurs.

Je comprends qu'on ait mis M. Merino
en pénitence au plus haut de ce vaste gre-
nier. M. Merino ne tient pas les promesses

que son jeune talent nous avait faites. Le
tableau qu'il intitule *Mort!* est terriblement
mélodramatique, et d'une couleur blafarde,
et d'un modelé maladroit. J'admets que la
femme à la robe, par M. Monet soit jetée
dans ces rebuts. Car une robe n'est pas
plus un tableau qu'une phrase écrite cor-
rectement n'est un livre. On peut chif-
fonner la soierie avec une certaine adresse
et pourtant avoir tout à apprendre. Que
m'importe l'habit, si je n'y devine pas un
corps bien modelé, ni même le contour
banal du mannequin, si la tête n'est pas
une tête, si la main n'est pas même une
patte?

Mais je ne comprends pas qu'on ait logé
si loin *la Vieille et les Servantes* de
M. Meynier, un joli petit tableau de genre
très-convenablement exécuté. Je demande
qu'on porte à la letre H la *Lisière d'Oasis*,
par M. Victor Huguet. C'est un excellent
paysage, un des meilleurs de cette année,
bien observé et bien peint, où l'on retrouve

avec un vif intérêt l'Afrique de Marilhat.

Je proteste surtout en faveur du *Chariot
égyptien* de M. Clément, une œuvre hors
ligne, qui porte le numéro 411 bis et qui
n'est pas inscrite au catalogue. Le dessin
est puissant et simple, la couleur forte et
vraie, sans tricherie, sans effet de mauvais
aloi. Le soleil brutal de l'Egypte enveloppe
les figures et les animaux d'une atmosphère
surchauffée ; l'intensité du jour est telle
que les ombres en sont pénétrées. Les
grands bœufs, le fellah, les femmes et les
enfants modelés en pleine lumière, attestent
la vigueur et la science d'un artiste con-
sommé. M. Clément arriverait en première
ligne pour la médaille avec M. Roybet, M. Tissot, M. Jourdan, M. Vautier,
M. Jules Didier, M. Masure ; mais le
jury des récompenses ira-t-il le chercher
si loin ?

Avant d'entrer dans une nouvelle galerie,
j'ai voulu, par acquit de conscience, revoir

les premières salles où nous avons passé. Après mûr examen, je ne crois pas avoir omis une œuvre importante.

Toutefois il convenait de mentionner un bon portrait de femme par M. Viénot, et un portrait d'homme, un peu perdu dans la demi-teinte, par M. Vidal, le même Vidal qui a fait en sa vie tant de jolis petits portraits au crayon.

Les *Chevaux sortant de la carrière*, par M. Ventadour, ne sont pas sans mérite. Le tableau est bien fait, les animaux robustes et vivants. Par malheur, les terrains sont cotonneux et la couleur générale un peu jaunâtre.

M. Zamacoïs *seul* a un petit tableau bien meilleur que le grand produit de sa collaboration. Cette scène, qu'il intitule la *Première épée*, est composée avec beaucoup d'art et dessinée avec infiniment d'esprit. Du reste, couleur appétissante. Désormais, M. Zamacoïs fera bien de travailler seul, et si sa modestie a besoin de consulter quelqu'un, de s'adresser au grand maître qui est son maître : M. Meisso-nier.

VII

MM. Patrois, Merle, L. Perrault, Mme Parratt, MM. Lumi-
nais, Justin Ouvrié, Mmes O'Connell, Muraton, MM. Privat,
Jules Noël, Palvendeau, Poirier, Camille Paris, Gustave
Moreau, Mazure, Mouchot, V. Navlet, E. Lavieille, Ch.
Meissonier, Matout, R. Ménard, Mélin, Oudinot, Nieu-
wenhuys, Mlle Claire Nancy, M. Maisiat.

Voici deux salles qui sont peut-être les
plus pauvres de l'Exposition. Mais s'ensuit-
il que la critique ait le droit de les traverser
dédaigneusement, sans en rien dire ?

La médiocrité est le caractère général de
l'art contemporain, mais c'est une médio-

crité intelligente, laborieuse et ascendante. Notre pays est plein de gens qui sont capables de faire un assez bon tableau, de modeler une statue assez bonne, et qui travaillent de toutes leurs forces à s'élever au-dessus du niveau commun.

Faut-il mépriser ces efforts ? Faut-il attendre pour conseiller un homme qu'il n'ait plus besoin de conseils ? Faut-il dire à tous ces piocheurs de bonne volonté : Nous vous signalerons à l'attention publique quand votre tête dépassera les autres de cent pieds?

Considérez d'ailleurs que cette médiocrité dont nous nous accusons est un objet d'envie pour l'Europe entière. L'Exposition universelle de 1855 a prouvé que les autres peuples, même les plus heureux et les plus libres, étaient infiniment moins artistes que nous.

Ces jours derniers, un grand seigneur de Moscou, venu à Paris pour choisir les éléments d'un musée industriel, me disait :

« Les Français sont en vérité trop modestes. Ils dénigrent à qui mieux mieux une multitude de talents que nous serions heureux et fiers d'avoir chez nous. Qu'ils voyagent un peu ! qu'ils aillent visiter les expositions anglaises, allemandes et russes, et ils reviendront enthousiastes de l'art français. »

Ce jugement d'un étranger fort instruit et vraiment lettré mérite qu'on y songe. Nous ne pouvons, sous aucun prétexte, savoir l'opinion que la postérité aura de nous. Mais les étrangers sont une postérité vivante qui nous juge dès aujourd'hui avec le calme et l'impartialité de l'histoire.

Cela dit, j'aborde les deux salles en question, et je signale rapidement tout ce qui me paraît digne d'être cité.

M. Patrois n'a jamais exposé dans le désert. Ses tableaux, quel que soit leur mérite intrinsèque, ont le don d'attirer les spectateurs en foule. Il est vrai que l'artiste n'épargne rien pour tenir son public en

haleine : il renouvelle ses sujets, il va de
pays en pays, d'époque en époque ; curieux,
inquiet, incessamment agité par une ambition qui n'a rien de blâmable. Vous l'avez
laissé Parisien comme M. Toulmouche,
vous le retrouvez Russe comme M. Aïva-
zowski. Deux ans plus tard, il est archéo-
logue ; Jeanne Darc l'a séduit, il a épousé
le moyen âge finissant. En cela comme en
tout, M. Patrois vous intéresse et vous
captive ; mais ses efforts les plus méritoires
et ses recherches les plus ingénieuses ne
rachètent malheureusement pas la faiblesse
du dessin .La *Jeanne Darc insultée par
deux soldats* laisse bien à dire. Si certains
accessoires sont très-habilement rendus ,
ces trois têtes de poupées primitives n'ont
rien de vrai ni de vivant. M'est avis que
M. Patrois fait fausse route en croyant
aller à la peinture d'histoire. Il était bien
meilleur dans ses petits tableaux. .

M. Hugues Merle dessine mieux ; les
grandes figures lui sont permises. Mais ses

tableaux, proprets, froids, pleins de détails
ingénieux, sont moins des tableaux que des
images. On dirait que l'artiste travaille spécialement pour la gravure. Les qualités
propres à la peinture manquent ici ; c'est
un travail d'abstraction, où l'esprit n'a
rien à reprendre, mais où l'œil ne se régale
point.

La *Vierge à l'Agneau*, de M. Perrault,
est une composition clairette et frisquette,
sagement rédigée en bon style Picot. Il se
peut que les orthodoxes discutent la fantaisie de l'artiste. Est-il séant que le sauveur
du monde embrasse le museau d'un jeune
ruminant ? Je ne sais. Mais, comme disait
dimanche un voltigeur de la garde : « Le
gosse, il est bien fait. »

J'ai remarqué une *Tête de vieille femme
bretonne*, fort bien dessinée et trop savamment peinte par Mme Parratt. Je dis
trop savamment, parce que l'artiste abuse
un peu des glacis et sauce trop sa peinture.
On pourrait arriver au même effet par des

moyens plus simples, mais c'est affaire de métier. Le mérite de l'œuvre est d'ailleurs incontestable.

Les *Pilleurs de mer en embuscade* ne sont pas au-dessous de la réputation de M. Luminais; cependant l'artiste a fait mieux, ce me semble. Le groupe de figures est plus sale et plus brouillé qu'il ne faut. Du ciel et de la mer, rien à dire; c'est fort bon.

M. Justin Ouvrié, qui est le Canaletti des Batignolles, continue à couvrir ses tableaux d'une friture rousse où l'on voit grouiller par millions les petits détails ingénieux. Si jamais les bourgeois signent la paix avec les artistes, c'est M. Ouvrié qui rédigera le traité.

L'*Étude de femme*, par Mme O'Connell, est bien peinte et d'une bonne couleur blonde, comme tout ce qui sort des mains Mme O'Connell. Mais le dessin est encore plus lâché que d'habitude, et ce n'est pas peu dire. Ajoutez que la minauderie, dans ce quasi-portrait, est poussée jusqu'à la grimace.

Les *Marguerites* de Mme Muraton, et la *Nature morte* de la même artiste, ne démentent pas nos espérances de l'an dernier, mais n'y ajoutent rien. Le progrès se fait attendre, je crains même que l'exécution n'ait un peu molli. Mais, patience ! un peintre ne s'improvise pas en deux ans.

Beaucoup de paysages intéressants. Le paysage est toujours le fonds qui nous manque le moins.

Les *Bords de la Mosson*, par M. Privat, méritent un éloge. C'est dur et cru, mais franc comme la jeunesse. La *Baie de Douarnenez*, par M. Jules Noël, est un vrai tableau, chose rare ! Parmi cinquante peintres qui sont capables d'encadrer une tranche de la nature, on n'en compte pas deux qui sachent faire leur tableau.

J'ai remarqué les *Bords du Nil*, de M. Palvendeau, et un joli petit paysage fleur de pêcher par M. Poirier. Les bords

du Nil sont-ils exactement de cette couleur-là ? Je vous le dirai l'année prochaine.
En attendant, je félicite M. Poirier, et
j'espère qu'il ne va pas s'arrêter en chemin.

Un petit tableau signé Camille Paris m'a
rappelé les belles études peintes de Clésin-
ger. C'est simple, large et fort, et d'une
couleur véhémente. Cela représente l'*Ac-*
qua acetosa, un des coins les plus intéressants de la campagne romaine. Le lieu tire
son nom d'une eau purgative que les fils
de Romulus vont boire en famille, au printemps, pour leur santé d'abord et aussi
par partie de plaisir. Rien n'est plus curieux que ce paysage en avril, quand les citadins y prennent leurs ébats. Le bruit du
vent s'y complique d'intonations rabelai-
siennes ; le parfum des fleurs champêtres
s'y mélange d'aromes saugrenus ; on voit
voler par la campagne des milliers de
feuilles blanches. M. Camille Paris a fait
preuve de goût en choisissant le moment

où les Romains laissent ce beau paysage à lui-même et gardent leur papier dans la poche.

Décidément M. Moreau est un homme qui a de bonnes jambes, le jarret très-solide, le pied cambré, mais qui se donne un mal atroce pour marcher sur les mains.

Il réussit à faire quelques pas. Et la foule d'accourir à ce spectacle bizarre. Et quelques badauds d'applaudir en criant : Continuez! encore! un peu de persévérance, et vous ferez le tour du monde!

En dépit de tous les encouragements, l'homme qui marche sur les mains a l'air gauche, le visage congestionné et les yeux injectés de sang. Tout spectateur un peu sensé devine qu'il ne saurait aller loin et que s'il s'obstine à renverser l'ordre naturel il mourra bientôt à la peine. Et l'on crie de toutes parts, au malheureux qui se suicide par un amour-propre mal placé : Au nom du ciel! servez-vous de vos jambes!

Il est facile de voir que M. Gustave Mo-

reau sait peindre excellemment et qu'il est
un des plus fins coloristes de notre époque.
Sa palette est aussi riche que celle de Fromentin ou de Baudry. Les jolis tons, fins
et perlés, qui donnent à ses toiles un faux
air d'écrins en désordre ne seraient pas dé-
placés dans un tableau de maître. Mais l'artiste ne veut pas faire un tableau de maître :
il est buté à la plus étrange fantaisie qui
soit jamais éclose d'un cerveau sain. Il a
parié avec lui-même qu'il deviendrait un
primitif ; il pétrit à nouveau sa chair et ses
os ; il espère qu'à force de se modeler sur
un ancien type, il réussira à entrer de toutes pièces dans la peau d'un mort.

L'ordre fatal de la nature l'a fait naître
au dix-neuvième siècle, il veut être du
quinzième. Il sait l'histoire : il veut l'oublier. Il voit les choses comme elles sont :
il veut les voir à travers les lunettes d'autrui. Il est savant, il est habile : il s'est
juré d'être naïf.

Tout effort courageux est digne de res-

pect. Je ne suis pas de ceux qui con-
damnent de parti pris le dilettantisme et
l'archaïsme. Que Paul-Louis Courier, tra-
duisant un petit roman grec, s'amuse à
imiter le vieux français d'Amyot; que Balzac se divertisse à pasticher Rabelais dans
les *Contes drôlatiques*, ce sont passe-
temps d'érudit, et le public lettré s'y com-
plaît avec l'auteur. Mais si notre admirable Paul-Louis avait écrit tous ses pamphlets
en style archaïque, il ne serait pas Courier.
Si Balzac avait rédigé la *Comédie humaine*
dans le patois des *Contes drôlatiques*, il
ne serait pas Balzac. J'attends avec impa-
tience le jour où M. Gustave Moreau se fera
voir au public dans sa peau, marchant sur
les pieds. Il a fait jadis du Delacroix, il fait
aujourd'hui du Mantegna : qu'il se mette
à faire du Moreau, et nous pourrons le
juger.

    S'il avait voulu simplement attirer l'at-
tention par une œuvre excentrique, le tableau du Sphinx suffisait. J'admets qu'Al-

cibiade coupe la queue de son chien ; mais qu'il en achète un second, puis un troisième à seule fin de leur couper la queue, c'est un abus. Je comprends qu'un artiste tire un coup de pistolet par la fenêtre pour appeler les curieux dans son atelier ; mais qu'il installe un tir à son cinquième étage, c'est ce que les voisins ne souffriront jamais.

L'originalité de M. Gustave Moreau se résume dans la formule suivante :

« Retrouver l'inexpérience des Florentins primitifs et l'appliquer aux sujets antiques. »

Les primitifs dessinaient le corps humain avec une sécheresse et une gaucherie, hélas ! involontaires. M. Moreau s'exténue à tailler dans le buis un Diomède quasi-gothique. Les primitifs cassaient les draperies en plis secs : M. Moreau imite ce défaut avec une docilité filiale. Les primitifs ne savaient pas dessiner les animaux : M. Moreau fait dévorer son Diomède par

des chevaux fantastiques. Les primitifs
étaient de pauvres archéologues : M. Moreau se croit obligé de ressusciter leur archéologie. Il installe les Grecs contemporains de Troie dans une architecture du
règne d'Auguste. Il fait retrouver la lyre
et la tête d'Orphée par une jeune châte-
laine florentine de l'an 1420. Je ne l'accuse pas d'anachronisme par ignorance ;
je sais bien que ces naïvetés sont voulues,
cherchées, travaillées, et qu'elles lui ont
coûté des efforts inouïs. Il se donne autant
de mal que Dumas fils, s'il voulait, par un
caprice bizarre, recommencer une tragédie
antique dans le style et les idées de Racine,
avec tous les costumes et toutes les révé-
rences de la cour de Louis XIV. Mais le
but est-il digne de l'effort ? Voilà la question.

Les grands drames de l'antiquité, qui
sont le thème éternel de la peinture, ont
été diversement traduits selon les temps ;
mais les artistes de tous les temps, c'est

une justice à leur rendre, ont serré la vérité d'aussi près qu'ils ont pu, et mis à
profit les lumières petites ou grandes que
l'archéologie contemporaine leur offrait.
La formule de tous les maîtres, sans exception, est celle-ci : peindre la nature
comme on la voit et l'histoire comme on
la sait.

M. Gustave Moreau est le premier artiste de valeur qui se soit avisé de recher-
cher laborieusement l'inexpérience et l'ignorance des morts en disant : Je peindrai la
nature comme la voyait celui-ci, et l'histoire comme la savait celui-là.

C'est pourquoi ses tableaux, tout en flat-
tant le goût d'un petit nombre de dilet-
tantes, choquent la grande majorité du public compétent.

Nous trouvons juste et naturel que Rembrandt habille les personnages de l'Évan-
gile comme les Hollandais de son temps.
Tout le monde crierait au scandale si de
nos jours un peintre d'église représentait

Caïphe en archevêque et Pilate en préfet.
Pourquoi ? Parce que les archéologues
nous ont donné une notion à peu près
juste des costumes du premier siècle. Fein-
dre d'ignorer ce que tout un monde sait,
serait parodier l'antiquité sacrée et pécher
plus mortellement que dans *Orphée aux
Enfers* et dans la *Belle Hélène*, contre le
goût et les sentiments du public. L'abus
serait-il plus toléré si quelque fantaisiste,
chargé de décorer une église, déguisait les
apôtres en Hollandais du seizième siècle
ou en Italiens du quinzième ? J'en doute.

Il faut donc espérer que M. Gustave
Moreau ne fera pas école. Je vais plus
loin : j'aime à croire qu'après trois expositions où le public et la critique l'ont
équitablement discuté, il croira son nom
assez connu, l'attention assez éveillée, sa
notoriété assez faite, et qu'il visera désormais à la gloire en laissant les défauts laborieux qui gâtent ses belles qualités.

Je suis heureux d'avoir à signaler l'avé-

nement d'un paysagiste exquis, M. Masure. Est-il jeune et frais émoulu de
l'école de M. Corot? Est-ce un obscur
travailleur qui arrive à la renommée par un
effort suprême après l'avoir poursuivie longtemps? Je ne sais. La plupart des artistes
dont je vous parle ici me sont personnelle-
ment inconnus. Mais j'affirme hardiment
que parmi nos peintres célèbres il n'y en
a pas un qui rende mieux que lui la fraîcheur et la transparence des eaux et ce
qu'Homère appelle le rire innombrable de
la mer. Tout est à l'unisson dans les deux
excellentes toiles de M. Masure; le ciel et
les terrains se marient tout naturellement
à cette eau limpide et sereine. Cette peinture est la simplicité même: ni tricherie,
ni procédé; pas le moindre pain à cacheter
collé au milieu du tableau pour représenter
le soleil; pas de feu d'artifice emprunté
aux magasins de Ruggieri-Gudin. L'impression qui vous en reste est celle d'une
promenade heureuse, d'une conversation

intime avec la nature. L'artiste se fait oublier, ce qui est un grand art. Il manque absolument de manière, et cependant il y a quelque chose en lui que les plus habiles ne déroberont jamais. Qu'ils sont rares, ceux qui voient juste et qui s'expriment simplement !

Je n'ai pas besoin de vous dire que M. Masure obtiendra une médaille à l'unanimité. Mais cette récompense le mettra juste au niveau de quarante autres artistes, dont quelques-uns sont loin, bien loin de le valoir. Et il devra attendre encore deux ans et deux médailles avant de songer à une récompense supérieure qui le place à la hauteur de cent peintres moins forts que lui. Ce système d'avancement, dans une carrière où tout devrait être au choix, n'est-il pas plus favorable à la médiocrité soutenue qu'au talent hors ligne ?

M. Mouchot s'est fait connaître l'an dernier dans les circonstances les plus défavorables. Un excellent tableau, qui plaçait

d'emblée son auteur dans l'élite des peintres orientalistes, faillit être tué par le voisinage de M. Manet. Un tableau scandaleux exerce une sorte de rayonnement qui
gâte tout ce qui l'entoure. On n'a pas étudié ce genre de contagion.

Donc il a fallu presque un miracle, en
1865, pour que le public d'abord, et ensuite le jury des récompenses s'aperçût du
talent de M. Mouchot. Aujourd'hui, le
succès de M. Mouchot ne s'est pas fait attendre. Pas de voisinage compromettant :
M. Manet expose à part, dans les journaux. On peut s'arrêter tout à l'aise, sans
distraction, devant le *Bazar des tapis*, si
bien étudié et si simplement peint par
M. Mouchot; on peut y entrer et s'asseoir
(en imagination), car le tableau est réellement spacieux: mérite rare! Il y a de la
place, et de l'air, et de l'ombre, cette
ombre lumineuse des pays chauds. Les
figures sont dessinées juste autant qu'il le
faut dans une toile de cette grandeur; elles

font corps avec l'ouvrage entier; tout se
tient dans ce tableau fortement conçu et
d'une exécution soutenue.

Il ne faut être ni sorcier ni spirite pour
dire que M. Mouchot aura sa seconde médaille en 1866.

M. Victor Navlet n'a pas encore *étrenné*,
comme on dit dans le peuple. Pourquoi?
je n'en sais rien, car nous avons peu d'artistes en état de construire un intérieur
comme lui. Outre qu'il sait la perspective
en maître, il a la note juste, sa couleur ne
détonne jamais. L'année dernière il peignait brillamment les splendeurs les plus
éblouissantes du Louvre; le voici qui
aborde l'intérieur le plus colossal que
l'homme ait construit dans les temps modernes. Eh bien! j'ai retrouvé devant son
tableau, l'impression exacte que Saint-
Pierre m'avait laissée dans l'esprit. La tonalité générale est grise et froide; ne vous
en prenez pas à l'artiste; la grande basi-
lique est ainsi. Les rapports des tons sont

mathématiquement exacts dans l'œuvre de
M. Navlet, comme les proportions de l'architecture elle-même. Je regrette que le
peintre n'ait pas fait exécuter par un de
ses amis les petites figures qui sont là pour
donner l'échelle du monument; elles seraient plus solides. Et M. Victor Navlet
a dessiné tant de colonnades dans les tableaux des autres que les autres pouvaient
bien peindre quelques figurines pour lui.

La Pointe de l'île Saint-Ouen, par
M. Eugène Lavieillle, est un des bons paysages du salon. Du reste, je ne me souviens
pas d'avoir vu de mauvais tableaux de
M. Lavieille depuis dix ans et plus que je
suis les expositions. Cet artiste simple et
fort aime la nature pour elle : il l'étudie
sur toutes ses faces et renouvelle incessamment l'objet de ses travaux, au lieu de se
recommencer lui-même, comme tant d'autres, et de faire son lit dans le succès facile. Il ne s'élève pas toujours à la même
hauteur; son vol est inégal, mais il ne

tombe jamais. On sent qu'il est soutenu
par un vif sentiment de la campagne, de la
beauté simple, de cette poésie familière
qui distingue les champs, les prés, les bois
voisins de Paris. Peut-être le spectacle de
la Grèce, de l'Italie, des horizons classiques lui permettra-t-il de jeter du lest et
de monter à la hauteur de M. Corot, son
maître. En attendant, il fait bien ce qu'il
fait ; il met de sa conscience et de son cœur
dans ses moindres tableaux, comme dans
ses toiles les plus importantes ; l'amateur
qui achète un Lavieille emporte réellement
un petit morceau de l'artiste lui-même.
Dans cette *Vue de l'île Saint-Ouen,* il
n'y a pas trace de charlatanisme ; aucun
de ces effets qui arrêtent le passant par les
yeux ; mais quand vous l'avez regardé un
instant, le charme vous prend, vous tient
et ne vous lâche plus : c'est ainsi que la
nature en personne se comporte avec nous.

M. Charles Meissonnier n'a pas perdu
son année ; il a corsé son dessin, fortifié sa

couleur, acquis un peu de ce brillant qui surabonde chez son illustre père. Ses deux tableaux ne sont pas seulement regardés pour l'esprit qu'on y voit, le public y démêle déjà les qualités spéciales du peintre.

Je ne parlerai pas d'un portrait de femme exposé par M. Matout. Je dirai seulement que personne ne l'attribuerait à M. Matout si le livret ne faisait foi comme l'état civil. Il paraît que les mots *hors concours* sont mal interprétés par les artistes. J'en vois plus d'un parmi les arrivés, qui peint comme s'il se croyait *hors critique*.

Parmi ceux qui doivent arriver, je vous signale M. René Ménard, un piocheur robuste. Ses deux tableaux, *le Labourage* et *la Vendange*, sont de ceux auxquels il manque peu de chose pour être tout à fait bien. Le principal défaut de cette peinture est un parti pris de tristesse. La nature a souvent plus de vie et de gaieté que cela. Un rayon de vrai soleil ne déparerait pas ces vendanges. Éclairez! éclairez!

Les chiens de M. Mélin me rappellent
ce dicton du paysan russe : « Le gruau n'a
pas besoin d'être loué ; il fait son éloge lui-
même. » Il est certain que la peinture de
M. Mélin se recommande toute seule ; on
n'a jamais rien vu de plus juste et de plus
sain. Pourquoi un artiste excellent, qui n'a
pas un défaut visible, pas même la mollesse
qu'on lui reprochait autrefois, reste-t-il à
demi inconnu ? Pourquoi n'est-il apprécié
que d'une élite de chasseurs intelligents ?
Qu'est-ce qui l'empêche de sortir du pair ?
Ses *Deux chiens de Vendée* sont-ils moins
vrais et moins vivants que les chiens de
Troyon qu'on voit à l'exposition rétrospective ? Non, certes ! Sont-ils moins dessinés, moins fortement peints ? Nullement.
Il y a du hasard dans la distribution des
renommées, et M. Mélin a plus de talent
que de bonheur. Voilà tout.

On peut citer aussi, mais à quelque distance, une chasse élégante, brillamment tri-
potée par M. Nieuwenhuys ; un paysage

des bords de la Seine par M. Oudinot :
M. Nieuwenhuys fera bien de consolider
ses terrains ; l'eau de M. Oudinot manque
un peu de transparence et son ciel même
est légèrement opaque. M. Ockel a un bon
paysage d'Allemagne, mais cuit à l'étouf-
fée, et trop cuit. Deux petites têtes de
Mme Claire Nancy m'ont paru intéressantes et d'un goût assez délicat ; mais le
dessin y est encore bien faible, surtout
dans les ombres,

Les fleurs de M. Maisiat sont toujours
fraîches et jolies, mais d'un détail qui devient trop minutieux. Faites des fleurs,
messieurs, puisque cela vous amuse, mais si
vous disputez cet art aux demoiselles, ne
leur prenez pas leurs défauts.

VIII

MM. Lehmann, Lévy, Jules Lefebvre, Jourdan, Marchal, Meyerheim, L. E. Lambert, Landelle, Millet, Maillot, J. Laurens, Ed. Laleux, Lambron, Lansyer, Lobrichon, Kuwasseg, Lépine, Magaud, Lambinet, A. Lafond, Lachèvre, Lottier, Legrip, A. Lambert, H. Leroux, Meuron, Lecointe.

Je pense que si l'on comptait les membres de l'Institut qui ont exposé cette année, on en trouverait jusqu'à un.

Mais ce *un*-là est une des figures les plus intéressantes de notre époque, et mérite une étude à part. Que n'ai-je ici l'espace et le loisir ? A peine si je puis indiquer les traits les plus saillants de sa physionomie.

Vous souvient-il du dialogue antique qui peint si noblement l'ambition d'un homme ?

« Alcibiade, serais-tu content si les dieux te donnaient d'être le plus beau des mortels ?

— Non ! je voudrais être aussi le plus brave.

— Et si tu étais le plus brave, il ne te manquerait plus rien ?

— Si ! Je voudrais être le plus sage.

— Et si tu étais le plus sage, te déclarerais-tu enfin satisfait ?

— Pas encore ! Je voudrais être le plus savant, le plus éloquent, le plus habile dans tous les arts de la guerre et de la paix sans exception aucune. Je ne serai content que si nul homme en aucun genre ne mérite d'être nommé avant moi. »

Je crois entendre M. Henri Lehmann lorsqu'il entra pour la première fois dans l'atelier de M. Ingres.

« Jeune homme ! Tu veux donc devenir un grand dessinateur ?

— Oui, mais à la condition d'être aussi grand coloriste.

— A quelle spécialité te destines-tu ?

— A toutes.

— Cependant, si tu étais un portraitiste de premier ordre, il y aurait déjà de quoi te contenter ?

— Non, je voudrais aussi être un grand peintre d'histoire.

— Soit ; est-ce tout ?

— Non ; le *genre* n'est pas méprisable : je serai peintre de genre aussi.

— Tu renonces donc au paysage ?

— Nullement. Je n'entends pas que dans le vaste domaine de la peinture un seul coin me soit interdit. Si l'on me disait : Tu feras tout, excepté la miniature, je deviendrais insensible aux joies du succès et je m'abandonnerais à la douleur de n'être pas miniaturiste. Je veux aller toujours en avant, comptant pour rien le chemin fait, et uniquement préoccupé de celui qui me reste à faire.

— Et quand te reposeras-tu?

— Après la mort! parbleu! j'aurai tout le temps désirable. »

Voilà pourquoi M. Lehmann expose tous les ans, quoiqu'il n'ait pas sa réputation à faire et qu'il soit membre de l'Institut. Sa vie est un effort continuel ; il a essayé de tout, et obtenu de beaux succès dans tous les genres, mais il a rayé de son dictionnaire le mot *assez*. Il donne à ses contemporains le spectacle d'une ambition toujours triomphante et toujours inassouvie. C'est le Don Juan de la peinture : les *mille e tre* ne lui suffisent pas.

Je voudrais qu'il trouvât le temps de réunir et de publier son œuvre pour l'enseignement et pour l'exemple. Vous verriez que le besoin de réussir en tout et d'escalader tous les sommets l'un après l'autre l'a rendu successivement plus idéaliste qu'Ary Scheffer et plus réaliste (dans le vrai sens) que Gustave Courbet. Il a traité la décoration religieuse dans un style qui le désignait comme le continuateur de Flandrin ; il a peint des portraits où respire le goût sévère et haut de M. Ingres : il s'est livré à des orgies de couleurs où vous diriez qu'il a invité Delacroix.

Le résultat de tous ces efforts est un des plus considérables que l'homme ait jamais produit : l'œuvre est immense.

Mais par cela même qu'il a tout embrassé et tout étreint, M. Lehmann ne s'est pas fait cette originalité qui vous permet de reconnaître à vingt pas un Delacroix, un Ingres, un Courbet.

On dit : tiens ! voilà un beau tableau. On s'approche, on lit la signature, et l'on ajoute : ce n'est pas étonnant, puisqu'il est de Lehmann !

Le meilleur portrait de cette année est, sans contredit, celui de M. Dumon, ancien ministre du roi Louis-Philippe. Ceux qui ont eu l'honneur de connaître M. Dumon lorsqu'il était aux affaires le dépeignent comme une nature puissante et plantureuse,

à la Rouher. M. Lehmann nous le montre
un peu fondu, mais robuste encore et char-
penté en homme qui durera longtemps.
L'œil est bien beau et la bouche singulièrement fine. L'ensemble de la physionomie
respire l'honnêteté, la douceur et la bonté.
Le costume imperceptiblement suranné,
la chemise qui n'est pas des faiseurs à la
mode, indiquent l'homme qui a su vieillir.

M. Lehmann, qui a, quand il veut, le
faire précieux de Blaise Desgoffe, a mis
une certaine coquetterie dans l'exécution
des habits. Les noirs du pantalon, de la
redingote et du gilet sont diversifiés avec
un art qui touche au dilettantisme ; la sail-
lie de la montre sous le gousset est un petit
tour de force. Mais aucune de ces recherches ne détonne au détriment de l'effet
général ; il faut un peu fouiller pour les
apercevoir. Le portrait, d'aspect sévère, est
enveloppé de ce jour discret qui sied aux
hommes d'État en retraite ou en disponi-
bilité.

M. Lehmann, pour nous rappeler que
son arc a autant de cordes qu'une harpe, a
flanqué ce portrait austère d'un petit tableau très-gai et très-lumineux. C'est le
Retour du jeune Tobie lorsqu'il amène sa
femme sous le toit paternel. Les dimensions de la toile sont celles d'un concours
pour le prix de Rome. J'aime assez qu'un
membre de l'Institut se donne la peine de
montrer aux jeunes gens tout ce qu'on peut
mettre de dessin, de couleur et de pensée
dans un espace si restreint.

La réputation de M. Emile Lévy s'étend
et se consolide. Ce jeune et vaillant artiste
recueille enfin la récompense d'un des efforts les plus obstinés que nous ayons
vus.

Chose étrange à dire ! Cette originalité,
où le travail a tant de part, semble couler
de source. Rien de plus souriant et de plus
naturel que ces petits tableaux gracieux où
les chairs délicates de l'adolescence se marient au blanc tendre des draperies. Un

charme aérien voltige sur ces mièvreries
exquises. Vous pensez malgré vous au plus
doux de nos poëtes classiques, à celui qui
faisait si difficilement des vers si faciles.

L'inspiration de M. Lévy vient-elle de
si loin ? Ce talent poétique et plastique à la
fois ne procède-t-il pas d'André Chénier
plutôt que de Racine ? Je crois que si. C'est
un souffle de sentimentalité moderne qui
anime ces figurines de pâte tendre.

Les deux meilleurs tableaux du jeune
artiste sont ceux où il a pu mettre de la
grâce, de la grâce, et encore de la grâce.
L'un représente deux enfants buvant dans
une vasque de marbre; l'autre est cette
adorable idylle de 1866. Ce couple frêle
qui enjambe un ruisseau a désarmé la critique et réuni tous les suffrages : on ne discute pas lorsqu'on est sous le charme, et
jamais œuvre d'art n'a mieux charmé son
public. Le mouvement par lequel la jeune
fille effarée étreint le col du jeune homme
suffirait à assurer le succès d'un tableau.

Mais tout est à l'unisson : la beauté délicate des jeunes corps, le dessin des draperies, le petit paysage, la couleur harmonieuse et tendre où le sujet est comme baigné. Cette couleur est moins curieusement élaborée que celle de M. Gustave Moreau ; elle ne rappelle pas au regard ébloui les veines mystérieuses de l'agate, mais elle a plus de naturel et partant plus de vrai charme.

Toutes les idylles ne sont pas faites, grâce à Dieu, et les sujets aimables ne manqueront jamais au talent de M. Émile Lévy. On peut donc espérer qu'il se renfermera désormais dans le genre où il excelle. Les scènes de violence et de carnage ne sont pas dignes de lui. Son tableau de la *Mort d'Orphée* est plein de qualités charmantes, mais déplacées dans un tel mélodrame. Le poëte égorgé par des sauvagesses ivres est un éphèbe de seize ans, de sexe quasi-douteux ; il paraît, à coup sûr, plus femme que tous les autres personnages du tableau. Or le poëte, lorsqu'il fut si méchamment

mis à mort, avait beaucoup vécu : n'ou-
blions pas, s'il vous plaît, qu'il était veuf
d'Eurydice. Si j'insiste sur cette chicane,
c'est uniquement pour prouver à M. Lévy
que la jeunesse et la grâce le poursuivent
malgré lui jusque dans les sujets les plus
farouches. Ses Ménades sont plutôt des
danseuses que des égorgeuses : on les envoie au crime et elles vont au bal. Je crois
aussi que les grandes compositions où il
faut agencer un bon nombre de figures ré-
pugnent à la simplicité distinguée de
M. Lévy. Dans la toile que nous avons sous
les yeux, les lignes ne sont pas heureusement disposées : la figure principale est jetée obliquement, les Ménades présentent
un parallélisme désagréable, et le groupe
ne se fait pas.

C'est aussi l'harmonie des lignes qui
manque dans le tableau de M. Jules Lefeb-
bre, représentant une *Nymphe et Bac-
chus*. L'enfant renversé et la nymphe qui
se jette elle-même en arrière font un angle

11

plus bizarre qu'harmonieux avec la statue
de Priape. Au demeurant, l'exécution est
bonne ; elle fait honneur à l'enseignement
académique et confirme les espérances que
M. Lefebvre nous a données dès son début.
Mais je n'y remarque pas de qualités très-
originales. La personnalité de M. Lefebvre
est beaucoup plus saillante dans cette jolie
figure de *l'Enfant qui peint un masque.*
On peut critiquer certains détails, comme
la forme du nez ou l'exagération un peu
féminine des hanches, mais l'ensemble de
la figure est remarquable et les morceaux
exquis y abondent. La supériorité de ce
tableau sur l'autre composition de M. Lefebvre nous prouve une fois de plus qu'il
faut dix fois plus d'art et de science pour
grouper deux figures que pour en bien poser une seule.

Le public des dimanches et même des
autres jours s'empresse autour de la ména-
gerie de M. Meyerheim. On peut prédire
à coup sûr que le jeune peintre berlinois

obtiendra une médaille, et c'est la première fois qu'il expose à Paris !

Je m'empresse de reconnaître que la récompense est méritée. M. Meyerheim, comme vingt autres Allemands de la même école, est un praticien très-habile, doublé d'un caricaturiste très-spirituel. Son genre d'observation et sa manière de composer le rapprochent de M. Knaus; l'exécution est différente. La peinture de M. Knaus est mince et transparente ; celle de M. Meyerheim est solide, opaque, un peu dure.

Par un simple changement de procédé, le nouveau venu a ressuscité la vogue d'un genre qui commençait à passer de mode. C'est une nouveauté curieuse et flatteuse que de voir un Knaus sans mollesse, un Knaus épais, corsé, rude, presque brutal. Mais s'ensuit-il nécessairement qu'il faille monter sur les toits et annoncer à l'Europe l'avénement d'un nouveau peintre ? Je crois que non. Ces caricaturistes allemands, qui nous étonnent à première vue, sont usés

en trois expositions. On se fatigue bientôt
de leurs procédés monotones, de cette
quasi-perfection qui sort toute faite de
l'école, et qui ne se perfectionne plus. Si
l'on profitait de quelque exposition universelle pour réunir dans une seule galerie
tous les ménétriers, saltimbanques, bohémiens et montreurs de bêtes que l'Allemagne a mis sur toile en vingt ans, je crois
que les visiteurs sortiraient plus écœurés que
ravis. Un de ces tableaux, pris à part, nous
amuse et même quelquefois nous étonne ;
il suffirait de les voir ensemble pour juger
plus froidement cet art trop artificiel.

Ce n'est pas seulement dans le *genre*,
c'est aussi dans le paysage que l'habileté
des peintres allemands nous donne ces
surprises et ces déceptions. Nous avons acclamé les premiers tableaux de M. Kuwasseg ; aujourd'hui, ces grands décors
lavés et monotones nous excèdent ; on ne
les regarde plus.

Un artiste qu'on n'accusera pas de se

répéter sans cesse et d'épuiser son propre
fonds, c'est M. François Millet. Il marche,
il marche, imprimant ses sabots dans la
terre labourée et levant les yeux vers le
ciel. Aucun artiste contemporain n'a des
aspirations plus sincères vers le beau et un
sentiment plus profond de la nature réelle.
Ce que j'adore en lui, c'est qu'il se trompe
quelquefois et qu'il fait des faux pas à
ébranler la terre. Quand il met le pied
par hasard sur un sol dangereux, il s'y en-
fonce jusqu'au cou : c'est superbe. Son tableau de cette année est magistralement
raté ; il ne vaut rien, mais rien du tout ; il
n'y a pas à plaider les circonstances atté-
nuantes. Un écolier de deuxième année
ne se tromperait pas plus lourdement.
M. Millet le jettera dans un coin, ou re-
tournera la toile et se mettra à peindre un
chef-d'œuvre. La production de ce maître
moderne est entrelardée de tableaux admirables et d'œuvres impossibles. On peut
les réunir un jour dans le même musée :

la postérité sentira qu'elle n'a pas sous les
yeux un écolier bien appris, mais un grand
peintre intermittent. La nature le guide,
et cette capricieuse semble prendre plaisir
à l'élever aujourd'hui sur les sommets
pour l'embourber demain dans une mare
aux oies. Je l'aime mieux ainsi que s'il
avait pris sous un maître l'habitude de
faire à peu près bien tous les jours.

Le Vanneur, de M. Adolphe Leleux,
et sa *Falaise* sont des œuvres intelligentes
et d'un mérite incontestable ; mais décidément l'artiste abuse un peu de la touche.
Ses figures, surtout dans le second tableau,
manquent de solidité ; elles s'éparpillent
dans une lumière saccadée et capricieuse.
Je suis sûr que M. Adolphe Leleux s'est
aperçu de ce défaut en se voyant au Salon,
car il a le goût sûr autant que l'esprit droit :
il reviendra l'année prochaine au culte de
la sainte unité. Les expositions annuelles
ont cela d'excellent qu'un véritable artiste
ne peut guère se tromper deux ans de suite.

M. Lambron est un jeune gentleman qui s'adonne à la peinture pour le plaisir d'étonner ses humbles concitoyens. Il nous ménage chaque année une surprise nouvelle, et je parie qu'il vient souvent, la canne à la main, le lorgnon dans l'œil, se gaudir au spectacle de nos grimaces populaires. Grand bien vous fasse, seigneur peintre! Les gens de notre espèce ne sont au monde que pour amuser les hommes de votre sorte.

Aujourd'hui, le bon plaisir de M. Lambron est d'exposer un grand diable de Scapin mal peint, qui a tranché la tête d'un perroquet. De la composition, rien à dire, sinon qu'elle est froide et sinistre sans arriver au grotesque. Le dessin est d'une sécheresse et d'une dureté remarquables, et la couleur ne brille que par son absence. L'impression générale est celle qui résulte d'une plaisanterie manquée.

Mais la valeur intrinsèque de l'œuvre est incontestable, malgré tout. Comme cette

fantaisie est peinte sur une plaque de marbre blanc, comme les dalles du pavé y sont
représentées par une vraie mosaïque de
pierres plus ou moins fines, le tableau de
M. Lambron reprendra tout son prix dès
qu'on en aura effacé le travail de M. Lambron.

Et dire que Paris est peuplé de pauvres
peintres très-laborieux, très-sérieux, quelquefois même assez forts, qui ne trouvent
ni toiles ni couleurs à crédit!

La Géorgienne, de M. Landelle, et sa
Femme fellah, sont deux jolies personnes
très-élégamment ajustées. Elles ont beaucoup de succès, et je m'associe de grand
cœur à ceux qui les trouvent charmantes.
Mais comme elles ne m'apprennent rien de
nouveau sur le talent de M. Landelle, je
salue et je passe.

Un excellent artiste, mais dont le talent
paraît un peu noué, c'est M. Alexandre
Lafond. Jamais peintre n'a donné de plus
hautes espérances. Lorsqu'il fit ses débuts

dans l'atelier de M. Ingres, les camarades ont dû s'écrier, et non sans cause : Il y a du Michel Ange dans ce gaillard-là !

Cependant M. Lafond n'est pas encore sorti du pair. Je le vois toujours sur le point de faire un chef-d'œuvre, et toujours arrêté aux trois quarts du chemin. Pourquoi ne va-t-il pas jusqu'au bout ? Question délicate. Peut-être n'est-il pas de ceux qui voient éclore le marbre blanc et la mosaïque sous leurs pas. Je le soupçonne de travailler plus souvent pour les autres que pour lui-même, et de peiner trois jours sur quatre à la gloire d'autrui.

Mais lorsqu'il a le temps de peindre et d'exposer une figure, une étude de femme, un portrait d'homme, nous nous arrêtons encore devant ce beau dessin un peu mou et cette grande facture un peu grise; et nous redevenons ambitieux pour M. Lafond; et l'espérance de le voir affirmer son talent par un coup de tonnerre se réveille en nous malgré nous.

L'Improvisateur, de M. Hector Leroux,
n'indique pas précisément un progrès : la
peinture est tachée et la couleur crie un
peu. Mais c'est l'œuvre d'un artiste qui
cherche et non d'un homme qui se laisse
aller. Beaucoup d'intentions fines, force
jolis détails, un respect méticuleux de l'archéologie : ne désespérons de rien.

M. Lobrichon a deux tableaux, dont
l'un : *le Coin du Luxembourg*, trahit encore une grande inexpérience. Il est si difficile d'agencer un groupe nombreux, et
surtout un groupe d'enfants! Mais la petite toile à deux personnages est vivante et
charmante. Encore un effort pour construire et consolider les têtes, et tout sera
pour le mieux dans le plus agréable des
mondes.

Les grands paysages exotiques de M. Laurens sont toujours précieux, car ils nous
donnent les renseignements les plus justes
et les plus positifs sur les pays que l'artiste
a parcourus. Sa peinture est la vérité même

prise sur place par un observateur d'élite.
Les moyens d'exécution abondent chez
M. Laurens ; il est assez instruit, assez habile et assez exercé pour rendre sa pensée
tout entière. Je voudrais que le tour du
monde fût fait une bonne fois par vingt
peintres de conscience et de sa force. Mais
en avons-nous vingt? Je n'en connais pas
dix.

M. Lottier est un orientaliste distingué,
lui aussi. Ses deux vues de Saïda sont fort
intéressantes. L'exécution serrée de ses
fabriques rappelle un peu le talent de
Dauzats. Mais le ton général paraît terriblement roux. L'Orient a chaud, je le
sais, mais il n'est pas aussi rissolé que
M. Lottier nous le montre.

Un joli petit paysage fond bleu, par
M. Legrip, et deux petites études fond blanc,
deux perles, par M. Lépine; deux vues de
Bretagne, peu finies, mais saisies avec beau-
coup de justesse, par M. Lansyer; une
Matinée pure et claire, prise au vol avec

beaucoup d'intelligence par M. Alphonse Lambert; deux tableaux assez importants de M. Lambinet, sans défauts ni qualités de fraîche date : voilà tout ce que j'ai remarqué par ici dans ma revue des paysages.

Il faut mettre à part la forêt de M. Lecointe, qui encadre une fable de la Fontaine, et la clairière de M. Kuytenbrouwer, qui n'est que le décor d'un petit drame bien composé et bien peint. M. Albert de Meuron n'est pas maladroit, il s'en faut ; mais les bords du Léman l'ont mal inspiré. Lorsqu'on a eu l'honneur et le bonheur d'être élève de M. Gleyre, on n'a pas le droit d'imiter Calame. J'ai remarqué une nature morte signée Henri Lachèvre : elle est d'un homme intelligent plutôt que d'un peintre expérimenté. Les étoffes et les armes sont touchées avec justesse, le paon est brillant ; mais quelle imprudence d'intercaler la Vénus de Milo dans une nature morte! M. Blaise Desgoffe lui-même ne risquerait pas un tel coup. Songez donc

que pour modeler la Vénus de Milo comme
elle est, il faut être au moins de la force de
M. Ingres ?

Citons un assez bon portrait d'homme,
par M. Maillot, et arrivons au *Printemps*,
de M. Charles Marchal.

Rien n'est plus simple et plus modeste
que cette composition. Dans un intérieur
de riches paysans alsaciens, une jeune fille
debout devant une fenêtre ouverte, regarde
fleurir les pruniers; ses yeux s'enivrent au
spectacle de la jeunesse de l'année et de
cette vie partout renaissante; le petit cœur
se gonfle sous le corsage brodé; on devine,
à la voir, que la séve d'avril ne monte pas
seulement sous l'écorce des arbres. Le sentiment général est vrai sans trivialité, doux
sans fadeur.: aucune trace de mièvrerie.
Ce tableau dit bien ce qu'il dit, et j'ai eu
plus d'une occasion de vous faire observer
que c'est un mérite assez rare. De plus,
l'exécution est devenue assez parfaite pour
qu'un critique n'y puisse mordre sans se

casser les dents. Grand succès, succès unanime; s'il y a des médailles discutées la
semaine prochaine, celle de M. Marchal
ne le sera pas.

Cependant j'ai entendu trois ou quatre
personnes, fort intelligentes d'ailleurs et
tout à fait sympathiques au talent de l'artiste, s'étonner de ce qu'il n'exposait rien
de plus grand. « Comment! après le cabaret
de Bouxwiller, après le choral de Luther,
après la Foire aux servantes, après des
compositions si importantes, si remarquables et si remarquées, exposer une simple
figure comme le résultat d'une année de
travail! »

Eh! qu'importe, si cette figure fait à elle
seule un tableau supérieur à tous ceux de
l'artiste? Si vous regagnez en qualité la
quantité qui manque? Il y a dans l'exposition rétrospective une toute petite tête
de Clouet; elle vaut dix grandes toiles à
choisir dans les bonnes de l'École française!

Évidemment le talent de M. Marchal a mûri. Sa peinture a acquis une solidité qui lui permet de rester forte, inébranlable, intacte, à côté des couleurs exquises de M. Émile Lévy. Il y avait plus de choses entassées dans ses premiers tableaux, et cependant ils étaient moins pleins que celui-ci.

Il a été acheté dès l'ouverture du Salon par un des artistes les plus délicats, et, sans contredit, des plus haut placés qui soient au monde.

Le succès de M. Jourdan est un des plus vifs, des plus complets et des plus mérités qu'un jeune peintre ait obtenus depuis dix ans.

Il se peut que les circonstances aient favorisé cet intéressant début. Les quelques artistes qui sont capables de peindre une figure nue sont tous absents du Salon. M. Ingres n'expose plus. M. Cabanel n'expose pas, Baudry expose ailleurs, Amaury Duval n'expose que deux beaux dessins.

Voilà comment le sort a permis que
M. Jourdan, au sortir de l'école, se trouvât
le premier de nos peintres d'histoire, au
moins pour l'étranger qui visite cette exposition.

Ma foi, tant mieux! Ce jeu du hasard et
du talent n'a rien qui me scandalise. Le tableau de M. Jourdan est plein de mérite,
après tout; il a plus, il a mieux que la
beauté du diable. Ce n'est pas seulement
la jeunesse et la fraîcheur de la jeune fille
aux petits secrets qui attire notre public
blasé: la forme est noble autant que délicate, le goût est pur, le dessin large et
simple, la couleur heureuse. Le peu qu'on
voit du paysage est plein de charme. Peut-
être les formes enfantines du petit amour
sont-elles un peu sommairement étudiées,
mais la perfection n'est pas de ce monde,
et il faut applaudir les jeunes talents qui
s'en approchent de si près.

Et tandis que nous sommes sur ce chapitre, allons voir un peintre de genre qui

a pris, comme M. Jourdan, la bonne route,
et qui marche d'un pas très-gaillard.

M. Louis-Eugène Lambert (il y en a un
autre qui s'appelle Eugène tout court)
n'est pas sorti tout armé de l'atelier de son
maître, comme autrefois Minerve du cerveau de Jupiter. Il a débuté modestement
par de petites toiles où l'on voyait de petits animaux, peints avec beaucoup d'esprit et de finesse. Lorsque j'étais jeune critique, j'ai cru naïvement qu'il ne faisait
que des lapins, mais il a cheminé patiem-
ment, de progrès en progrès; le voilà qui
grandit, qui renforcit et qui mûrit, tout en
gardant les grâces de la jeunesse.

On prétend que les peintres ont tort de
fréquenter les écrivains; je crois que
M. Lambert doit beaucoup à l'amitié ma-
ternelle de George Sand. On retrouverait
dans sa peinture, en cherchant bien, la
douce et pure influence de ce génie unique
qui a su traverser les tempêtes de la pensée,
sans perdre le duvet de la naïveté.

IX

MM. Jobbé-Duval, de Knyff, Jongkind, Jounault, Lauwick, Labor, Hillemacher, Jalabert.

Je n'ai pas très-bien compris la peinture décorative que M. Jobbé-Duval intitule : *la Douceur*. Au reste, la douceur n'est pas une abstraction facile à rendre à coups de brosse. L'usage nous permet de la symboliser sous les traits du mouton, quoique la douceur du mouton soit plutôt dans sa laine que dans son caractère. Mais une femme assise et des hirondelles voltigeant

autour d'elle ne représente absolument rien
à notre esprit. Les hirondelles sont les
plus farouches de toutes les filles de l'air;
rien ne les apprivoise. Ce qui les attire ici
plutôt que là, ce n'est pas la bonté ou la
douceur des personnes, c'est une plus
grande quantité d'insectes à dévorer. Si
vous voulez qu'elles viennent becqueter
vos lèvres, vous n'avez qu'un moyen : souf-
flez des mouches par milliers.

La composition de M. Jobbé-Duval
pèche donc contre les premières lois de
l'art décoratif qui sont la clarté et la logique. De plus, cette peinture est mince
et comme découpée sur le fond : la décoration comporte plus de corps.

M. de Knyff expose un grand paysage
puissamment construit, plein d'air et de
lumière, d'une éloquente et forte simplicité.

Les paysages de M. Jongkind sont toujours un peu froids, un peu noirs, un peu
brouillés, jamais insignifiants ni vulgaires.
Il y a une vitalité persistante dans cet art

tout personnel qui semble condamné à ne progresser jamais.

M. Journault, sous ce titre bizarre : « Un philosophe; paysage » a fait un tableau d'aspect original et plein de détails vrais.

Le *Musulman en prière*, de M. Lauwick, est d'une exécution très-fine et très-intelligente. Gardez - vous de penser, comme certain visiteur de la semaine dernière, que ce fils de Mahomet soit en adoration devant son âne. Les musulmans ne sont pas plus idolâtres que nous; au contraire.

J'ai remarqué un nouveau paysagiste, M. Charles Labor. Son Souvenir d'Espagne annonce du talent.

Le grand tableau de M. Hillemacher, représentant Marguerite d'Anjou et son fils en présence du brigand, est peut-être un peu grand, les qualités délicates du peintre s'y noient. Mais la petite toile de *l'Indécision* est exquise. Ce n'est pas du

Stevens, j'en conviens ; c'est moins parisien que M. Toulmouche, mais c'est quelque chose de personnel et de vraiment fin.

J'ai réservé le dernier mot pour un portrait de femme, très-beau, très-simple et très-harmonieux, qui sera, si je ne me trompe, *la Joconde* de M. Jalabert. La comparaison seule est un éloge assez haut pour me dispenser d'en dire davantage.

X

MM. Hébert, Hamon, Heilbuth, Harpignies, Hanoteau, Hen-
ner, Firmin Girard, Herst, Hamman, Guillon, A. Glaize,
Léon Glaize, Hars, J. Goupil, Girardon, Guichard, Ginain,
Gassies, Hérault, Karl Girardet.

Il me paraît impossible d'aborder une
salle où loge Hébert sans commencer par lui.
Hébert est un des artistes les plus foncièrement artistes de notre temps. Il a les qualités des grands maîtres, et ses défauts eux-
mêmes, quand il les laisse voir, sont exquis.

La mode est au tempérament depuis
trois ou ou quatre semaines. Le public, à la

suite d'une certaine critique, se plaît à
exalter les dons innés au détriment des
qualités acquises. Hors du tempérament
point de salut.

Mais on semble ignorer qu'il y a des
tempéraments de plus d'une sorte, et que
ce mot n'est pas synonyme de fureur. Beethoven était un artiste de tempérament fou-
gueux et terrible; mais Mozart, si je ne me
trompe, avait un tempérament, lui aussi.

M. Hébert a dans sa peinture un peu de
cette sensibilité à la fois puissante et souf-
frante qu'on admire dans la musique de
Mozart. Personne ne sent plus vivement
que lui la délicatese des formes, la tendresse des chairs, le savoureux des couleurs. Il a le goût inné des formes élégantes, des modèles purs, des tons doux
et fins. C'est un charme que cet art aussi
naïf que savant, et les deux portraits d'enfant que M. Hébert nous fait admirer aujourd'hui sont un régal délicieux.

J'écrivais, il y a onze ans, dans un

compte rendu de la grande Exposition de
1855 :

« Aujourd'hui, c'est M. Hamon qui
marche à la tête de l'école néo-grecque. Il
serait plus juste de dire qu'il y est seul,
car nul ne partage avec lui ce précieux héritage de la grâce dans la naïveté. Ce n'est
ni par la correction du dessin, ni par la
sécheresse des lignes qu'il rappelle la peinture des anciens Grecs : son dessin est
souvent lâché, ses figures manquent parfois de précision ; son modelé est un peu
confus. Mais ce qui fait de lui un peintre
inimitable, c'est quelque chose de simple,
de candide, de jeune, de frais, de moelleux,
d'enfantin qui se retrouve dans tous ses ouvrages ; c'est surtout un goût d'art, une saveur poétique que j'essayerais en vain de dé-
finir et qu'on essayerait en vain de copier. »

Deux ans plus tard, en 1857, M. Hamon
avait exagéré ses défauts en effaçant ses
qualités natives ; il tombait dans la manière
et ne peignait plus que des poupées pré-

tentieuses. Je pris la liberté de le renvoyer
à la nature et je lui dis :

« Allez chercher un modèle, dépouillez-
le de ses guenilles, et retrouvez dans les
lignes de son corps l'esprit des peintres de
Pompéi, que vous avez failli rencontrer
autrefois. »

M. Hamon ne se pressa point de retourner à Pompéi. Son talent subit une
assez longue éclipse; plus d'un amateur
eut le temps de désespérer de lui; j'en
connais qui portèrent son deuil.

Ce fut en 1864, et pas plus tôt, qu'il
ressuscita publiquement dans toute la plé-
nitude de ses grâces. Je m'empressai de
dire la bonne nouvelle aux quelques curieux qui me font l'honneur de me lire,
et j'écrivis :

« M. Hamon nous est revenu!... Avec
quelle joie ses vrais amis ont retrouvé son
talent à l'Exposition!» Il avait peint une bizarre mais délicieuse petite figure qui représentait l'Aurore.

Cette Aurore n'était que la colombe de l'Arche. Voici maintenant l'Arche elle-même. M. Hamon nous envoie de Rome, ou de Capri, une composition capitale, un vrai tableau, et, si je ne me trompe, son meilleur. Ah! pour le coup, bravo!

Il a suivi le conseil des amis inconnus qui s'intéressent à sa gloire; il est allé se re-tremper dans la divine poussière de Pompéi. Les dieux de Virgile et d'Horace l'ont re-connu et lui ont souri; un souffle du paga-nisme éternellement jeune est venu ranimer et fortifier son art qui ne défaillira plus.

Vous avez dû le remarquer souvent, et dans les autres arts aussi bien qu'en pein-ture : il y a par moment des idées qui sont dans l'air. Tandis que M. Sain nous offre un nouvel aperçu des fouilles de Pompéi, si admirablement peintes, l'an dernier, par M. Français, voici M. Hamon et M. de Cur-zon qui, sans s'être donné le mot, entre-prennent de réveiller la petite ville endor-mie. M. de Curzon suppose que les anciens

habitants viennent voir, par une belle nuit
sereine et douce, le peu qui reste de leurs
maisons. M. Hamon visant plus haut, y fait
venir les neuf Muses en personne.

Il est bien probable, en effet, que les
Muses, si malmenées sur toute la surface
de la terre, doivent se réfugier quelquefois
sur ce pauvre petit coin sacré. Si vous avez
vu Pompéi, vous comprenez ce que je veux
dire; si vous ne l'avez pas vu, essayez de
vous représenter une petite ville de province, pas plus grande que Meaux, où tous
les édifices publics et privés seraient construits, décorés, meublés par l'Art lui-
même, pour le plus grand plaisir de nos
yeux. Je n'ai guère vécu plus de huit jours
dans ces ruines, et j'y ai laissé tous mes
préjugés de collège. Notre éducation ne
nous fait entrevoir qu'une antiquité froide,
guindée, gourmée, compassée : à Pompéi,
on touche du doigt la véritable vie des
beaux siècles grecs et romains; l'esprit se
plonge avec délices dans une sorte de bain

moral; on conçoit une existence plus aisée, plus heureuse et plus intelligente que la nôtre; on envie le sort des modestes citadins qui jouissaient d'un luxe si aimable et vivaient si conformément à la nature, sans se crucifier le corps et l'âme en vue d'un avenir incertain.

M. Hamon a traité son sujet avec la grâce ingénue qui lui est propre; les ruines ont fourni la note mélancolique; les nuits sereines de la Grande-Grèce ont fait les frais de cette lumière douce et pâle qui baigne le tableau; enfin, le musée de Naples et les fresques de Pompéi ont contribué largement à la beauté de cette œuvre charmante. Les mouvements et les draperies des Muses que vous admirez là sont le produit d'une collaboration mystérieuse entre M. Hamon, célèbre et vaillant, et quelques grands artistes anonymes et enterrés.

L'Antichambre, de M. Heilbuth, est une des pages les plus spirituelles de ce fin satirique. Quel joli volume on ferait en

réunissant les tableaux du malicieux israé-
lite qui venge à coups d'épingle les iniqui-
tés séculaires du Ghetto !

Aujourd'hui, il s'amuse à peindre l'em-
barras d'un pauvre abbé romain, faméli-
que, ambitieux et piocheur, dans l'antichambre d'une éminence. Le cardinal est
sans doute occupé, l'audience se fait attendre; l'abbé, assis sur un canapé dur,
tient ses papiers sur ses genoux. Derrière
lui, un gros laquais de la maison, s'appuie
familièrement sur le dossier, et bavarde,
bavarde avec la liberté d'un gaillard qui
se sent chez lui. Le pauvre abbé ne sait
quelle contenance faire. D'une part, il doit
tenir son rang, car il est de beaucoup le
supérieur de cet homme. Mais d'un autre
côté, il comprend qu'un dédain trop marqué peut lui faire un ennemi. Or, la bien-
veillance d'un laquais n'est pas à mépriser
dans une ville comme Rome. Il écoute
donc, il sourit; pour un rien il s'humani-
serait au point de répondre. Mais si la

porte s'ouvrait ! si quelqu'un le surprenait
en flagrant délit de popularité basse ! Adieu
les projets d'avenir ! Le pauvre abbé ne serait jamais ni magistrat ni préfet ! M. Heilbuth a exprimé avec beaucoup de tact les
angoisses de cette âme en peine. La physionomie de l'abbé est une des plus curieuses qu'on ait jamais peintes. Quant
au laquais gras, c'est un type. Il représente
à lui tout seul cette minorité avachie et dé-
gradée qui se gorge de farineux, courbe
l'échine, rit grossièrement, et demande au
bon Dieu, après boire, que le monde romain
aille toujours comme il va.

M. A. Glaize n'est pas de ceux qui par-
lent pour ne rien dire, mais il n'arrive pas
toujours à dire tout ce qu'il veut. C'est
qu'il demande souvent à la peinture plus
qu'elle ne peut donner.

Il est bon qu'un peintre soit philosophe,
poëte, mathématicien et même astronome ;
personne ne lui reprochera d'être trop complet, mais à cette condition expresse que la

brosse à la main il ne sera que peintre.
Philosopher sur toile est toujours dangereux; traduire la poésie par des couleurs
et l'algèbre par des contours, est une imprudence capitale.

Que le prédicateur développe à loisir
un texte de l'Écriture; qu'il nous explique
en trois quarts d'heure ce qu'un évangé-
liste avait résumé en quatre mots, cela n'a
rien qui offense la logique. C'est toujours
le même instrument appliqué à la même
matière, avec un peu plus de travail et de
détail. Mais prendre deux vers de Musset
et les tartiner laborieusement sur une grande
coquine de toile, c'est brouiller l'ordre naturel et renverser les limites qui séparent
un art d'un autre. La poésie s'adresse à
l'esprit, la peinture aux yeux. L'une a pour
but d'exprimer des sentiments, l'autre d'exprimer des surfaces et des couleurs.

Ce n'est pas que la poésie doive s'inter-
dire le pittoresque, ni que le peintre soit
condamné à rejeter l'élément poétique; mais

malheur au poëte et au peintre qui sacri-
fient le principal à l'accessoire !

Nous avons des poëtes qui s'escriment
à peindre, on compte même parmi eux des
coloristes éminents qui tripotent le vers
comme une pâte, qui écrasent sur leur palette des vessies et des tubes d'adjectifs mul-
ticolores, et qui font habilement tomber
l'effet de lumière au bon endroit du tableau. Rien n'est plus triste, au fond, que
cette poésie ; non-seulement elle nous laisse
froids, mais elle nous refroidit. Nous ad-
mirons le tour de force, mais ce n'est pas
pour avoir un kaléidoscope de couleurs que
nous avions ouvert un livre ; le moindre
grain de sentiment ferait bien mieux notre
affaire.

La même déception nous attriste devant
les toiles où le peintre a voulu faire le poëte.
Et plus la poésie qu'il commente est admirable, plus son moyen nous semble insuffisant. C'est que la poésie a le don de faire
naître dans nos esprits des milliers de ta-

bleaux d'autant plus éclatants qu'ils ne sont
pas finis et qu'ils se succèdent devant nos
yeux avec une rapidité éblouissante. Le plus
grand poëte de notre époque, Alfred de
Musset, a surtout le privilége de mettre
nos imaginations en branle. Ce n'est pas
qu'il soit coloriste comme Hugo et Théo-
phile Gautier; ses vers n'ont ni la suave
harmonie ni surtout la profondeur d'âme
qu'on admire dans Lamartine; mais il est
plus poëte que les autres parce qu'il fait
naître en nous plus d'idées. A mesure que
nous le lisons, des avenues s'ouvrent, des
paysages se dessinent, des figures apparais
sent, gaies, tristes, nobles, vulgaires, hi-
deuses, éblouissantes, toujours vivantes.
Qui de nous n'a vu Franck? Et Monna Belcolor? Quelque chose a sans doute passé
devant vos yeux quand vous avez lu ces
beaux vers sur la courtisane :

> Deux anges destructeurs marchent à son côté,
> Doux et cruels tous deux : la Mort, la Volupté.

Le tableau qui s'est esquissé spontané-

13

ment devant vous n'était pas sans doute un
chef-d'œuvre, mais il vous a satisfait, étant
de vous. Et lorsqu'un étranger vient donner une forme plus arrêtée, un corps plus
net à votre vision ; quand M. Glaize vous
montre Franck en robe de moine, obser-
vant sous le masque, et Belcolor descen-
dant l'escalier entre un squelette ambulant
et un modèle nu, vous restez tout penaud
devant cette composition amphigourique.
Vous demandez si c'est bien là ce que Musset a voulu dire ; vous retournez au texte,
à ce texte merveilleusement poétique, dont
la lecture vous faisait frissonner à vingt ans
jusque dans la moelle des os ; et vous ne le
reconnaissez plus, vous ne l'aimez plus ; ce
n'est plus cela ; on vous l'a gâté.

M. Léon Glaize, fils du précédent, a
encadré dans une composition ingénieuse
une jolie petite Pénélope en terre cuite. Il
a choisi le moment où la reine d'Ithaque,
au milieu de ses suivantes endormies, dé-
fait à la lueur d'une lampe toute sa brode-

rie du jour. Je ne prétends pas chicaner
sur les détails de l'architecture et du mobilier évidemment trop modernes, ni sur ce
métier de haute lisse qui semble emprunté
à la manufacture des Gobelins. Mais j'insiste sur la figure principale qui est terriblement mesquine et inférieure au sujet.
Pénélope, Hélène et toutes les femmes
d'Homère sont des demi-divinités. Comme
les dieux et les déesses, elles ont le privilége de rester jeunes et belles, quand même
elles ont de grands enfants. Hélène est aussi
jeune à la fin du siége de Troie qu'à l'é-
poque de son enlèvement ; Pénélope excite
les passions les plus vives, quoique son fils
porte les armes et administre déjà de jolis coups d'épée. Les peintres sont donc en
droit de lui donner vingt ans, si bon leur
semble, mais ils doivent la faire grande,
belle, et de prestance royale. C'est ce que
M. Léon Glaize a malheureusement oublié.

La famille Glaise m'a pris plus de place
que je ne pensais ; il faudra que j'abrége

un peu la revue de cette salle où la bonne peinture abonde. J'y vois d'ici un très-joli portrait de jeune femme par M. Henner. La tête est fine et charmante ; la régularité presque antique des traits se marie à une grâce toute moderne. M. Henner dessine bien, et sa facture est originale.

M. Haro, ami de Delacroix, et l'un de ses légataires, a payé sa dette au souvenir en peignant le portrait du grand coloriste. La ressemblance est intime, comme on pouvait l'espérer. Quant à l'exécution, moi je la trouve superbe, quand je pense que M. Haro s'est fait peintre par amitié.

Je réserve mon opinion sur le talent de M. Firmin Girard. Ce jeune artiste, qui s'était levé comme un astre, s'éclipse brusquement sans qu'on devine pourquoi. Attendons-le à l'année prochaine.

Je cite au vol un fin petit tableau de M. Hamman. La réputation de l'artiste n'est plus à faire. *L'Aumône*, de M. J. Goupil, est une jolie étude, dont la facture

excellente rappelle un peu Alfred Stevens ;
deux bonnes marines de MM. Girardon et
Guichard ; *le Ramadhan*, de M. Ginain,
vivant et coloré ; un paysage d'oliviers qui
atteste un vrai progrès dans le talent de
M. Guillon ; deux jolis, trop jolis tableaux
de M. Karl Girardet. La nature n'est pas
souvent si coquette, mais baste ! j'aime
encore mieux les amoureux qui la pom-
ponnent que les brutaux qui la salissent.
La *Bastide* de M. Herst est un bon paysage ; quant au port de *Mers-el-Kébir*,
n'en parlons pas : c'est une erreur. M. Gassies a l'intelligence et le sentiment de la
nature ; il construit bien un tableau, mais
il n'est pas assez coloriste. Il y a dans ses
ciels des taches noires et lourdes, et sa verdure est quelquefois d'un vert un peu compromettant.

Un excellent tableau, que je ne me pardonnerais pas d'oublier, c'est la *Ronde du
Berger*, par M. Héreau. Il y a plus et
mieux qu'un effet de nuit, comme ils en

exposent tant pour nous arrêter au passage.
On peut regarder dans cette ombre, on y
verra une multitude de détails très-fine-
ment étudiés.

Les deux paysages de M. Hanoteau sont
vrais et consciencieux, comme d'habitude,
mais la facture en est toujours un peu
lourde. Passez-moi une comparaison qui
est peut-être ridicule : M. Hanoteau m'a
l'air d'un homme qui aurait une bonne écriture, mais qui ne saurait pas faire les déliés.

Quant à M. Harpignies, il est en train
de passer maître. Nous l'avons connu tantôt excellent, tantôt moins bon, quelquefois même il a frisé le mauvais. Quelle
bourde nous aurions faite si nous avions
désespéré de lui ! Le voilà qui donne un
coup d'aile et qui s'élève à des hauteurs,
ma foi ! très-distinguées. Je ne me souviens
pas de l'avoir vu si fort ni si complet. Tout
me porte à espérer qu'il restera dans cette
voie. Le succès qu'il obtient n'a pas dû le
décourager.

XI

MM. Gérome, Feyen, Ch. Giraud, E. Giraud, P. Gourlier, Feyen-Perrin, Giacomotti, Gigoux, Guiaud, Fallet, Fantin, Fichel, P. Flandrin, L. Flahaut, Ferrandiz, Fréret, Fischer, Th. Frère, Guillaumet, Guillaume.

Le public aime bien qu'on lui fasse de bons tableaux ; c'est entendu. Mais il ne prendrait pas le deuil si les artistes accoutumés à en faire de bons en commettaient un mauvais de temps à autre. Je crois même, soit dit entre nous, que cette combinaison serait particulièrement agréable aux Athéniens de Paris.

Que voulez-vous ? On a le goût du beau, on a le sens du juste, mais après tout on est homme. On ne refuse pas d'admirer ce qui est admirable, mais on sait que rendre hommage au talent d'un contemporain, c'est se décerner à soi-même un diplôme d'infériorité. Que les morts aient fait des chefs-d'œuvre, on le leur passe. Ils nous sont supérieurs en cela, mais nous prenons une fière revanche en nous éveillant chaque matin, nous sommes vivants et ils sont morts ! Quant aux hommes de génie ou de simple talent que nous coudoyons dans la foule, ils ont sur nous un avantage sans compensation, car d'une part ils sont au moins aussi vivants que nous, et de l'autre ils produisent des œuvres que nous ne saurions faire, ils ont des succès qui nous sont interdits, ils font fortune à notre barbe ; ils obtiennent, sans les demander, les distinctions honorifiques que nous demanderions sans les obtenir. Tout cela crie vengeance ; faut, pour nous dédommager, que nous

ayons le droit de dire de temps à autre : le
célèbre un tel a laissé dans sa comédie, dans
son tableau, dans son roman, dans son
opéra, une faute que je n'aurais pas faite,
moi qui suis un simple bourgeois !

Oui, nous avons ce petit défaut. Bonnes
gens, au reste, équitables, prompts à nous
engouer du premier talent qui montre
un bout d'oreille, mais enchantés de faire
un insuccès à tous ceux que nous avons
applaudis. Plus un homme nous a donné
de plaisir en sa vie, plus nous sommes en-
clins à signaler ses défaillances et à déplorer
ses chutes, alors même qu'il est robuste
et solide sur ses pieds. Avis aux écrivains
et aux artistes en tout genre: ils ne récol-
tent pas la gloire sans engranger un peu
d'envie par-dessus le marché.

J'ai vu et revu bien des fois la *Cléopâtre*
de M. Gérome; j'ai lu et entendu tout ce
qui a été dit et écrit pour et contre. Ce
matin, pour mieux fixer mes idées par la
comparaison, j'ai feuilleté une notable par-

lie de l'œuvre du jeune maître, j'ai passé
trois quarts d'heure sur une série de vingt-
cinq tableaux qui commence au *Combat
de coqs* et finit à l'*Almée*, et je reste fer-
mement convaincu que la *Cléopatre* peut
soutenir le parallèle avec les meilleurs
ouvrages de M. Gérome.

Certes, on peut discuter la composition,
et je ne chercherai pas querelle à mon
voisin s'il s'écrie : J'aurais arrangé les
choses autrement.

Je crois bien, en effet, que si la reine
incestueuse s'est fait rouler dans un tapis
pour rentrer dans son ex-palais d'Alexan-
drie, elle ne s'est pas fait déballer dans le
cabinet de César, en présence des secré-
taires. Elle avait trop d'esprit pour ignorer
que les grands travailleurs n'aiment pas
qu'on les dérange, et que tomber ainsi au
milieu des affaires d'État, c'était mal dis-
poser le grand homme en sa faveur. Il est
d'ailleurs assez probable que le maître du
monde romain faisait défendre au moins la

porte de son cabinet, et qu'un esclave n'y
entrait pas avec des colis encombrants sans
crier gare! Ni vous ni moi, qui sommes
des citoyens très-modestes, nous ne per-
mettrions à nos gens de nous envahir ainsi.
Je crois enfin que Cléopatre, avant de
s'offrir aux yeux d'un tel connaisseur, prit
le temps de faire un bout de toilette et de
s'entourer d'un certain apparat. L'artiste,
en déroulant son tapis devant nous, s'est
mis dans la nécessité d'habiller Cléopatre
en anguille et de réduire la toilette à sa plus
simple expression ; mais la plus mémorable
coquine de l'antiquité a dû faire jouer plus
de ressorts et déployer des moyens plus
amples.

J'admets ces objections ; j'accorde même
que Cléopatre n'a pas, dans ce tableau, le
genre de beauté que je rêvais pour elle. On
cherche le regard provoquant et la bouche
lascive d'une courtisane royale, et l'on se
trouve en présence d'une prêtresse d'Isis.
M. Gérome avait carte blanche : l'antiquité

ne nous a pas transmis un seul portrait de
Cléopatre, tandis que cet immonde bellâtre
d'Antinoüs a surchargé la terre de ses
bustes et de ses statues.

Mais quand nous aurons épuisé les critiques justes et injustes nous resterons en
présence d'une œuvre assez solide pour
que la discussion ne puisse l'entamer. Le
mérite spécial de M. Gérome est d'enfermer
dans chaque centimètre carré de sa peinture une quantité de détails précieux qui
suffirait à remplir un tableau de grandeur
moyenne. Tout est voulu, cherché dans ce
travail étrange, tout est marqué au coin
d'une personnalité unique. Les toiles de
M. Gérome sont signées dans chaque coup
de pinceau, comme les comédies de Dumas
fils sont signées à chaque ligne. Les critiques s'oublient, les objections passent,
l'œuvre reste et porte éternellement la
main du maître. *L'Ami des Femmes* a été
discuté avec plus d'animosité peut-être que
la *Cléopatre*, et maintenant que le public

s'est donné la satisfaction d'égorger la pièce, il dit : « C'est singulier ! Dumas fils n'a jamais rien fait de mieux. » Avis.

Je n'ai pas à parler du tableau des têtes coupées : personne n'a refusé de l'admettre au rang des Gérome parfaits. C'est l'Orient pris sur le vif dans un de ses aspects les moins aimables; mais l'horreur même du sujet contraste le plus singulièrement du monde avec l'exécution polie et blaireautée de M. Gérome. L'antithèse est autrement saisissante que celle de l'accompagnement et du chant dans la fameuse sérénade de Mozart.

Deux intérieurs de M. Ch. Giraud, agilement brossés comme toujours ; *la Danseuse du Caire* et *la Nuit parisienne* de M. Eugène Giraud, toiles d'une certaine importance, mais d'une exécution trop leste. Je me trompe assurément mais quand je vois la peinture de ces deux spirituels mondains, je m'imagine qu'ils ont achevé leurs tableaux de la main gauche en s'habillant pour aller en soirée.

M. Feyen (tout court) a un excellent
petit tableau qui représente des enfants
endormis dans la rue. Conception nette,
exécution remarquablement forte et serrée.
M. Feyen-Perrin, dans une grande toile
d'aspect simple et assez grandiose, a réuni
huit ou dix femmes de l'île de Batz dans
des attitudes diverses. Le groupe du second
plan est surtout heureux et riant, mais tout
le tableau mérite des éloges. Les figures
sont bien construites et bien drapées, les
mouvements simples et justes. M. Feyen-
Perrin continue son progrès, mais il fera
sagement de surveiller sa facture. Pour peu
que le jour tombe verticalement sur ses tableaux, les empâtements se détachent,
chaque coup de pinceau s'indique séparé-
ment, et la peinture se martèle en tous
sens. Ce défaut est surtout sensible dans
l'exécution du ciel, qui voudrait un travail
uni.

La *Poésie*, de M. Jean Gigoux, est une
grande et noble figure, solidement con-

struite par un dessinateur de premier ordre, mais d'un modelé peut-être trop enveloppé. L'artiste est assez maître pour entrer
plus avant dans les détails de la nature ; il
a la main assez forte et assez délicate à la
fois pour accentuer les méplats qu'il né-
glige, pour marquer la finesse des articula-
tions qu'il arrondit. Du reste, couleur
chaude ; un bon reflet de vie anime ces
chairs fermes et puissantes. Pourquoi
M. Jean Gigoux n'expose-t-il pas plus souvent ? Nous public, nous ne sommes qu'un
gros ignorant animal, et pourtant rien de
beau ne se fait sans notre collaboration as-
sidue.

Si je n'avais un scrupule, inspiré par
M. Jalabert, je dirais que le meilleur portrait de femme à cette exposition est l'œuvre de M. Giacomotti. Le modèle est un
des plus beaux et des plus sains que la peinture ait jamais reproduits ; un type comme
Raphaël les cherchait dans le sang généreux de la race romaine. L'œuvre est ca-

pitale ; beau dessin et couleur magnifique.
Rien de plus osé que la robe de satin blanc,
et le succès a récompensé cette audace.
M. Giacomotti est sorti du pair depuis
longtemps ; les tableaux d'histoire ont fait
son nom, le portait de Mme P..., exposé
en 1864, était, si vous me permettez de
me citer moi-même « le plus vrai, le plus
neuf, le plus jeune, le plus moderne de
toute cette exposition. » Le portrait de
Mme J. D... est encore plus magistral; c'est
une de ces œuvres qui concentrent l'attention sur elles et font tort à tout un panneau du Salon. J'ai découvert, avec un peu
d'aide, une autre toile de M. Giacomotti.
C'est un tout petit portrait d'homme, tout
de blanc habillé, d'ailleurs très-net et très-
vivant. Je n'en dis pas plus long, de peur
d'attirer les gens du monde, hommes et
femmes, dans l'atelier de M. Giacomotti.
Si le portrait vient à l'accaparer, il ne
nous peindra plus de tableaux d'histoire, et
j'en serai sincèrement désolé, pour ma part.

Voici plusieurs années que je suis avec
un vif intérêt la marche de M. Henri Fantin. Ce jeune artiste s'est révélé par un ou
deux portraits inachevés, un peu vagues,
traités dans un esprit de simplicité outrée
qui rappelait un peu les frères Le Nain,
ces honnêtes filleuls de Champfleury. Mais
sous l'apparence plus que modeste de cet
art, on devinait une grande justesse de coup
d'œil, un sentiment du dessin large, une
remarquable intelligence du rapport des
tons. Un beau jour (quand je dis beau !...)
M. Fantin s'est grisé de mauvais réalisme
et l'ambition la plus malencontreuse s'est
emparée de lui. Il a gâché des toiles énor-
mes où dix portraits généralement manqués
s'entassaient dans une composition gauche.
Alors j'ai pris le deuil, et j'ai rangé M. Henri
Fantin dans les artistes perdus. Puis, dans
un atelier, quelqu'un me montre une demi-
douzaine de pochades admirables, qu'un
maître aurait signées, si les maîtres com-
promettaient leurs noms au bas des po-

chades, et l'on me dit : Tout cela, c'est de
Fantin. Là-dessus, j'entre en fureur contre
un animal si bien doué, qui commence de
si belles choses et en finit de si mauvaises.
J'en étais là, quand le Salon de 1866 m'a
fait voir un portrait de femme et une nature morte du même Fantin.

Décidément, ce jeune homme est un véritable artiste, et il lui manque peu de chose
pour arriver aux premiers rangs. Regardez
son portrait de femme à dix pas : cela vit.
Il suffirait de quelques heures bien employées pour en faire une œuvre excellente,
et qu'on admirerait de tout près. Je ne
suis pas assez aristocrate, Dieu merci ! pour
demander que le peintre habille ses modèles en duchesses et qu'il remplace la petite robe de laine noire par une draperie
empruntée à la Compagnie lyonnaise. Mais
il pourrait faire un léger sacrifice aux Grâces
sans rien abandonner de son talent. Lui
coûterait-il beaucoup, par exemple, d'ani-
mer un peu ce fond gris qui répand sa

tristesse sur le portrait tout entier ? Noir sur gris ! Il n'y a pas de talent qui tienne ; noir sur gris sera toujours un triste déjeuner pour les yeux.

J'en dis autant de cette nature morte, qui est littéralement assassinée par le fond. D'abord le tableau est trop grand pour son contenu ; ensuite ce fond neutre fait tort aux fleurs, aux fruits, au livre, à la tasse, à tous ces objets si bien dessinés, si finement peints, d'un ton si vrai et si précis.

Voilà ce que j'avais sur le cœur contre M. Henri Fantin ; la violence même de mon petit discours doit lui faire comprendre que je ne suis pas indifférent à son mérite.

M. Léon Flahaut, en qui nous avions vu pendant quelques années un amateur un peu plus intelligent que les autres, s'est révélé comme artiste au dernier Salon. Toutefois, il se pouvait fort bien que ce succès si vif ne fût qu'un feu de paille. Il y a des auteurs qui ne font qu'un livre, des drama-

turges qui n'avaient qu'une pièce dans le
ventre, et des peintres comme ce pauvre
Court qui naissent pour faire un seul
tableau. Mais la nouvelle exposition de
M. Léon Flahaut, sans égaler positivement
celle de l'année dernière, consolide la bonne
idée qu'il nous a donnée de son talent.
Son paysage du *Soir* est beau : ciel magnifique, eaux excellentes. Le massif d'arbres
qu'on voit à droite est peut-être un peu
lourd ; cependant les détails s'y dessinent
fort bien dans les ombres.

La Falaise d'Oulgate présente une certaine disproportion entre l'intérêt du sujet
et la grandeur excessive du tableau. On y
voit une bande de mer très-vraie et très-
belle ; mais le ciel lourd qui pèse sur la
ligne d'horizon finira par la casser si on
ne l'étaye. Somme toute, M. Flahaut, s'il
ne révèle pas aujourd'hui des qualités nouvelles, ne dément pas la réputation qu'il
s'est faite. Il ne gagne pas un grade, mais
il se maintient au tableau d'avancement.

Un nouveau paysagiste (nouveau pour moi du moins), c'est M. Fréret. Son *Coucher du soleil à marée basse*, représente une multitude de petits plans, alternés d'ombre et de lumière, qui vont se continuant jusqu'à la mer. Joli tableau, bien éclairé, brillant, intéressant, et pas banal du tout. Si vous saviez comme il est difficile de peindre un paysage qui n'ait jamais été fait ! La nature passe son temps à se copier elle-même, et les peintres à se copier les uns les autres.

M. Théodore Frère a obtenu une médaille en 1865, et il l'a méritée en 1866. C'est l'inverse de ce qui arrive généralement. *La Noce arabe au Caire* (ce grand tableau où l'on croit voir une gousse de poivre-long marchant au supplice) est le meilleur ouvrage que M. Th. Frère ait exposé jusqu'à ce jour.

Beaucoup d'étude et beaucoup de vie dans *le Conteur breton* de M. Fischer; trop d'étude et pas assez de vie dans les paysages de M. Paul Flandrin, cet embau-

meur classique de la nature. Une bonne
pochade de M. Paul Gourlier, mais sans
éclat; j'espérais mieux de ce paysagiste
consciencieux entre tous; il marque le pas
sur place, quand il a des jambes qui pourraient le mener loin. La *Vue de Palma*,
par M. Guiaud est intéressante; les scènes
d'Algérie, par M. Guillaumet sont traitées
avec esprit; M. Guillaume nous revient
avec un paysage solide et vrai comme son
petit premier, ce qui n'est pas un médiocre
éloge. M. Fallet que je rencontre pour la
première fois, a un bon paysage qui représente un coup de vent. Le grand arbre
tourmenté est très-vrai et les eaux excellentes. Peut-être un peu d'exagération dans
le noir du nuage, à droite.

Nous parlerons de M. Ferrandiz en
abordant le capharnaüm de l'ouest, où
l'on a relégué son tableau principal. Pourquoi?

XII

MM. Ehrmann, Hippolyte Dubois, Delamain, Decaen, Pierre
Dubois, Depraeter, Desbrosses, Eschke, Daliphard, Faxon,
Français, Mme Escalier, Gustave Doré, Daubigny père et
fils, Dauzats, Delaunay, Duran, Delort, Carlier, Doyen,
Chauvel, Clouet d'Orval, Duverger, de Gas, Mme Doux,
M. Cals.

Une des salles les plus pauvres de cette
exposition. Quelques œuvres distinguées
qui se noient dans la médiocrité ambiante.
Nous irons vite.

Le morceau principal est sans contredit
le *Fil d'or*, de M. Ehrmann. Les trois

Parques sont dessinées et groupées noblement, dans un grand style. La forme est
ample, comme dans les figures de la renaissance romaine ; les draperies sentent leur
Raphaël d'une lieue, sans plagiat ni pastiche. C'est le travail d'un homme qui aime
le beau, qui a le sentiment de la grandeur
et qui ne se soucie en rien des fanfreluches
à la mode. La couleur est un peu artifi-
cielle, par malheur ; on sent le voisinage
de l'Allemagne ; un reflet de Dusseldorf a
passé par là. Mais M. Ehrmann est un
peintre ; il a une originalité bien distincte,
et j'estime qu'il se fera une place avant
peu.

La Baigneuse, de M. Hippolyte Dubois,
accuse un tempérament moins marqué ;
c'est surtout une figure d'école, mais de
bonne école. Les pensionnaires de Rome
ne font pas tous les jours aussi bien.

Dans la peinture de genre, M. Delamain
semble avoir dérobé quelques secrets à la
cuisine de Decamps. Sa facture est plus

savante que celle des jeunes peintres en
général. Du reste, une composition habile
et un sentiment peut-être exagéré de la
largeur dans le dessin. Sur dix peintres
de genre, il y en a sept qui détaillent trop,
deux qui ne détaillent pas assez, et un qui
pousse son dessin dans la juste mesure.
M. Delamain n'est pas encore cet *un*-là. Il
y a des rondeurs dans ce joli tableau de la
Fontaine Bab-el-Oued. Mais un artiste qui
saisit bien les masses arrive sans trop de
peine à la menue analyse des objets : l'inverse est autrement difficile. En l'état ac-
tuel, M. Delamain est surtout un homme
de goût sûr et un peintre qui peint bien.

J'ai remarqué dans la même salle un joli
petit tableau de genre signé Pierre Dupuis,
et un trop grand tableau de genre historique, la *Mort du maréchal de Berwick*,
traité un peu en décor par M. Decaen.
Deux bons paysages énergiquement peints
par M. Daliphard, une *Marée basse*, de
M. Eschke, qui serait bien sans cet affreux

soleil jaune qui gâte tout; un soleil couchant sur la Seine, joliment saisi par
M. Léopold Desbrosses, des animaux de
M. Depraeter et une jolie marine de
M. Faxon. Pourquoi donc M. Durand-
Brager, qui fait de si bons élèves, ne nous
montre-t-il plus ses tableaux? Sa réputation
n'a pas grand'chose à gagner, je l'avoue,
mais je plaide la cause de notre plaisir, à
nous.

M. Français est arrivé presque aussi loin
qu'un paysagiste peut aller; il ne lui manque que l'Institut, qui ne lui manquera
pas longtemps. Cependant, il expose, et
même lorsqu'il n'a pas une œuvre importante sous la main, il met une certaine coquetterie à nous montrer la richesse de son
talent et la variété de ses moyens. Aujour-
d'hui, par exemple, il n'a que deux toiles
de conséquence et de dimension secondaires,
un peu plus grandes que des cartes de visite, beaucoup moins grandes que les œuvres capitales de M. Français. Hé bien,

ces deux tableaux, dans leurs modestes cadres, nous en disent trop long. C'est un
curieux parallèle entre Paris et Rome, entre
la Seine et le Tibre, entre les matinées de
chez nous et les soirées de là-bas ; et cela
expliqué, développé, commenté par un di-
lettante de première force. Je ne suis pas de
ceux que le talent de M. Français a *empoi-
gnés* d'emblée ; il m'a fallu du temps pour
l'apprécier, ou plutôt il a fallu qu'une
œuvre irrésistible vînt terrasser d'un seul
coup toutes mes objections. L'hommage un
peu tardif que j'ai fini par rendre à ce
maître n'en a peut-être que plus de prix.

Quand vous voyez des fleurs dans un
jardin, ou même dans un bosquet, elles ne
représentent guère à vos yeux qu'un as-
semblage de couleurs diverses. Beaucoup
de peintres éminents, par exemple Diaz et
Delacroix, ont peint les fleurs de cette façon
sans étudier autre chose que le rapport et
l'intensité des tons. Mais une fleur vue de
près a des formes aussi arrêtées que la fi-

gure humaine; elle se modèle avec la même
précision qu'une main, un visage ou un
torse. Les maîtres flamands et notre illustre Baptiste dessinaient la fleur avec autant
de scrupule et de soin que M. Ingres en a
mis dans son plafond d'Homère. Parmi les
peintres contemporains, il y en a bien peu
qui voient dans une fleur autre chose
qu'une tache; aussi doit-on payer un juste
éloge au travail énergique et viril de
Mme Escallier. La préoccupation du dessin
est si puissante chez elle que ses premiers
tableaux semblaient durs; les fleurs y
étaient comme pétrifiées, ou métallisées, si
vous l'aimez mieux, par la netteté voulue
de leurs formes. Aujourd'hui, l'excellente
artiste fait appel à tous les charmes de la
couleur, prodigue tous les trésors d'une
riche palette, sans se relâcher en rien de
cette heureuse précision. Elle amollit le
tissu de ses modèles sans le déformer arbi-
trairement; le dessin reste classique sous
une couleur exquise.

Les deux tableaux de M. Gustave Doré
sont surtout remarquables en ce que
M. Doré a trouvé le temps de les faire.
Ajoutez qu'il en aurait exposé quinze ou
vingt, sans se gêner, si le règlement l'eût
permis. On s'explique difficilement qu'entre la grande illustration de la Bible, qui
vient de paraître, le capitaine Fracasse qui
paraît, et les fables de La Fontaine qui
vont paraître, M. Doré trouve le temps de
peindre un paysage et un grand tableau
de genre et d'achever ses deux toiles comme
ceux qui n'ont pas autre chose à faire.

Cette exposition, si je ne me trompe, a
surtout pour but de dire au public : Vous
voyez que je sais peindre aussi bien que
n'importe qui. Si j'abandonne au graveur,
dans le courant de chaque année, deux
cent cinquante compositions qui pourraient
faire deux cents tableaux, ce n'est pas que
les moyens d'exécution me manquent. Je
peindrais les deux cents tableaux si je vou-
lais, mais ils ne seraient vus que d'un pu-

blic restreint, tandis que la gravure me donne des admirateurs par millions.

La preuve est faite et je la tiens pour bonne. Mais je crois que le jeune et fécond artiste aura raison de travailler plus spécialement sa peinture s'il veut y être aussi original que dans le reste. L'exécution des tableaux est suffisante, mais elle n'est pas supérieure, et quand on signe Gustave Doré, on doit se montrer supérieur en tout.

C'est au Salon de 1857, il y a neuf bonnes années, que je remarquai pour la première fois la peinture de M. Jules Didier. L'artiste était alors bien jeune et terriblement neuf; mais il promettait : Jules Laurens, son maître après Léon Cogniet, fondait sur lui de belles espérances ; Alfred de Curzon suivait sa marche avec une sympathie visible. Un artiste apprécié des artistes ne tarde guère à gagner le public ; je me rappelle le temps où ce même Laurens et ce même Alfred de Curzon feuilletaient

les premiers dessins de M. Gustave Doré,
presque enfant et fort peu connu, en disant : Celui-ci a l'étoffe d'un maître. Mais
c'est de M. Jules Didier qu'il s'agit. On me
montra ses tableaux de début, et j'écrivis
dans le feuilleton du *Moniteur* : « Il n'est
pas fort avancé dans son chemin, et la route
qu'il a choisie n'est pas très-large, mais il
me paraît avoir bon pied, bon œil. S'il ne
s'arrête pas à cueillir les noisettes, il ira
aussi loin qu'un bon piéton peut aller. »

Un peu plus tard, je fis plus ample connaissance avec lui à la villa Médicis. Dans
l'intervalle, il avait eu le prix de Rome.
Ses camarades l'estimaient fort, quoique
son talent fût dans cette période qu'on peut
appeler hésitante. Il essayait de tout et pro-
duisait peu de chose; mais ses moindres
ébauches attestaient une véritable originalité.

Depuis qu'il est revenu parmi nous,
l'enfant s'est fait homme. Dès 1864, il avait
un talent non-seulement formé, mais ro-

buste. Aujourd'hui, je le vois au premier
rang comme paysagiste, comme peintre
d'animaux et comme peintre de genre, car
la figure humaine ne l'embarrasse pas plus
que celle d'un cheval ou d'un bœuf. L'é-
ducation lui a donné une largeur de dessin
peu commune; la fréquentation de la nature l'a complété; il sait le ciel et l'eau, il
modèle ses terrains avec une fermeté remarquable. On ne peut le ranger ni dans
l'école du paysage historique, ni dans le
libre bataillon des nouveaux paysagistes :
il unit la science des Aligny et des Paul
Flandrin à la naïveté puissante des Corot,
des Millet, des Courbet; il est toujours
classique et toujours vrai, sans être ni com-
passé, ni rustique. Le meilleur de ses deux
tableaux, celui qui représente les bords du
lac Trasimène, est une pièce de musée.

La peinture de M. Daubigny est un peu
sombre et pluvieuse cette année. L'artiste
n'a pas perdu une seule des qualités émi-
nentes qui l'ont placé en haut; mais on ne

remarque pas chez lui un progrès bien sensible. J'en suis encore à chercher dans ses premiers plans un morceau dessiné de plus près que le reste ; il me semble, d'ailleurs, que son défaut mignon, qui était d'assombrir un peu l'aspect des choses, va s'aggravant à vue d'œil. Ses tableaux ne sont pas de ceux qui vous invitent à la promenade. On les regarde, on les admire, on n'est pas tenté d'y entrer. On aime mieux rester devant ; on craint de voir crever ces nuages noirs et d'être barbouillé de leur encre. Gare aux pantalons blancs !

Très-sérieusement, les dernières pochades de M. Daubigny ont besoin d'être égayées et débarbouillées. Les artistes et les connaisseurs iront toujours chercher les œuvres de ce maître, parce qu'elles ont des défauts secondaires et des qualités de premier ordre ; mais la masse du public est plutôt éloignée qu'attirée par l'aspect rébarbatif de cette excellente peinture.

Si M. Daubigny méprise les conseils de

15

ses admirateurs et de ses prôneurs les plus
sincères, je sais quelqu'un qui le punira
de son obstination. Qui donc? Son fils. Le
fils héritent plus aisément des défauts que
des qualités de leurs pères.

M. Dauzats a obtenu une médaille en
1831. Sans nul doute il n'était pas encore
dans toute sa force; mais il est parvenu vite
à faire bien, et très-bien. Depuis plus de
dix ans, je le vois semblable à lui-même,
variant ses sujets sans changer sa facture
rapide, nerveuse, un peu brutale, et se
maintenant sans défaillance au point de
perfection relative où je l'ai toujours connu.
C'est un vrai, bon et solide artiste, mais
par cela même un de ceux qui nous four-
nissent le moins à dire. Supposez un critique contemporain de M. Dauzats, et qui
lui aurait consacré un article par exposition : cela ferait un volume où la dernière
page ressemblerait à la première, puisque
M. Dauzats ne s'est jamais relâché et qu'il
semble résolu à ne jamais vieillir.

M. Delaunay a fait ses preuves comme peintre d'histoire, et revendiqué une part qui n'est pas médiocre dans l'héritage de Flandrin. Le voici maintenant qui expose un beau portrait d'homme, étudié à fond, dessiné de très-près et peint avec une perfection peut-être excessive. Il est bon de finir ce que l'on commence, mais il faut éviter le faire trop uni des peintres sur porcelaine.

M. Duran, que nous avons déjà rencontré dans le grand salon du milieu, se retrouve ici avec un bon portrait barbu. Décidément, M. Duran est un des plus forts dans la génération nouvelle.

Un écolier de la classe de Gérôme, un tout jeune peintre dans l'âge heureux où l'on ne doute de rien, a risqué une toile importante, et cette audace a réussi. La petite Chloé de M. Delort est vraiment gentille, et posée, ajustée, drapée avec un goût qui n'a rien de banal. Ce n'est pas une figure étudiée bien sérieusement d'a-

près nature, mais on y remarque une certaine connaissance de la forme féminine et
un instinct du mouvement heureux. Le
tableau laisse bien à dire, la perspective
est légèrement enfantine, mais l'eau de la
mer est riante et transparente sous un ciel
simple et gai :

On est tout rajeuni, de voir cette jeunesse,

et c'est ce qui vous explique la bienveil-
lance quasi paternelle de mon jugement
sur M. Delort.

Une forte baigneuse de M. Carlier montre sa chair plantureuse dans un coin de
cette salle. L'artiste aurait pu choisir un
modèle de femme plus élégante et lui demander quelques séances de plus; mais la
figure est bien construite, et cette masse
de muscles puissants est colorée par un
sang généreux.

Il me reste à citer deux bons paysages de
M. Clouet d'Orval : le *Village* de M. Doyen,
vert, clair, naïf et intelligent petit tableau,

et un morceau de bruyères, avec la mer au fond, par M. Chauvel.

Dans la peinture de genre, je me ferais scrupule d'oublier la *Bretonne* de M. Duverger, le *Jockey tombé*, composition leste et vivante de M. de Gas, deux jolis petits tableaux de Mme Doux, qui seraient d'une couleur exquise si les noirs ne détonnaient pas un peu, comme toujours ; le *Soir* et les *Images* de cet excellent Cals, le plus consciencieux et le plus vrai de cette école qui continue modestement la tradition des frères Le Nain ; enfin, une tête de jeune fille traitée avec beaucoup de tendresse et de moelleux dans le style du siècle dernier, par M. Dedreux Dorcy. Ces grâces un peu maniérées ne me laissent pas indifférent, je l'avoue, et je les goûte encore, sans savoir pourquoi, après les œuvres les plus mâles de l'école moderne.

LE HANGAR DE L'OUEST

LE HANGAR DE L'OUEST.

XIII

MM. Laemlein, Andrieu, Gaume, Veyrassat, Dusautoy, Humbert, Lazerges, Yan' Dargent, Léon Goupil, Amand Gautier, Gros, Ferrondiz, Chintreuil.

Je suis de ceux qui ont fondé de grandes espérances sur les débuts de M. Laemlein.

Il m'a semblé, comme à beaucoup d'autres, que cet artiste devait tôt ou tard produire de grandes choses. Aujourd'hui même, après une série de déceptions qui commence à se faire longue, je ne me résigne pas volontiers à le croire perdu. Il a

l'audace, la volonté, le travail, le savoir.
On a vu des hommes aux trois quarts
noyés donner un coup de pied énergique
au fond de la rivière et remonter sur l'eau.
Tout arrive. Il serait imprudent de dire :
Ce phénomène ne se produira jamais,
parce qu'il est devenu plus invraisemblable
d'année en année. Peut-être M. Laemlein
n'est-il pas condamné à rester éternellement au-dessous de ses propres pensées,
faute d'un moyen d'exécution. C'est pourquoi je suis d'avis qu'il faut attendre, et passer discrètement sous ce granddiable d'*Orphée*, apprivoisant des monstres ridicules.

Admirez - vous Delacroix? Oui, sans
doute, quand même il ne vous plairait
qu'à demi. Vous avez de la prudence, vous
savez qu'on n'a pas encore abrogé la loi
qui condamne à dix ans de bourgeoisie
forcée tout citoyen convaincu d'indiffé-
rence à l'égard de ce beau génie.

Mais peut-être seriez-vous bien aise de
justifier à vos propres yeux cet enthou-

siasme obligatoire. Il vous serait doux de
connaître en quoi le peintre de *Médée*, de
la *Noce juive* et de l'*Évêque de Liége* se
distingue de tous ceux qui dessinent aussi
sommairement que lui. Eh bien, allez voir
la *Pandore* de M. Andrieu, cette énorme
peinture qui encombre tout un panneau du
capharnaüm occidental. Examinez, étu-
diez, voyez combien Eugène Delacroix aurait été mauvais s'il n'avait pas été Eugène
Delacroix! Vous vous transporterez ensuite dans quelqu'une des collections où
l'on garde les vrais chefs-d'œuvre du
maître, et quand vous aurez vu toutes les
qualités qui élèvent Delacroix au-dessus
de M. Andrieu, vous pourrez dire en quoi
et par quoi il était un homme supérieur.

M. Gaume, l'auteur de ce grand *Marché
aux fleurs*, expose pour la première fois,
m'a-t-on dit. On conte même que le jeune
artiste, lorsqu'il vit son tableau dans le
voisinage des autres, sous ce jour cru du
Palais de l'Industrie qui dévore toutes les

finesses, tomba dans un désespoir profond,
qu'il voulut sabrer son tableau ou se dé-
truire lui-même.

Il aurait eu grand tort, dans l'un et
l'autre cas.

Est-ce à dire que M. Gaume soit en mesure de détrôner Courbet l'an prochain
dans le royaume du réel? Non.

Son tableau est-il de ceux qui ont leur
clou planté d'avance dans les galeries du
Louvre? Pas davantage.

Mais ce tableau, s'il est étrange, n'est
pas mauvais; pas mauvais du tout. Il n'a
qu'un seul défaut, c'est de trahir l'inexpérience et la naïveté de l'artiste. Mais la
naïveté n'est pas une qualité méprisable.
Je connais bien des gens, parmi les plus
haut placés dans tous les arts, qui la paye-
raient cher. Malheureusement, elle n'est
jamais à vendre. Il en est de la naïveté
comme de ces billets de théâtre au bas des-
quels on lit: « Ce billet sera nul s'il est
acheté. »

M. Gaume est inexpérimenté, mais il n'est pas maladroit. Pour tailler du premier coup une pareille tranche dans la nature invraisemblable de Paris, il faut avoir la main ferme et légère. Le tableau manque d'effet, comme on dit en style d'atelier; les figures s'y meuvent dans une lumière indécise et décolorée. Soit; mais tout cela vit et remue; les groupes sont bien faits, on reconnaît les figures, les mouvements sont justes, les renseignements exacts abondent là dedans. Je connais dix peintres de genre qui découperaient chacun son tableau dans la toile de M. Gaume, et qui auraient tous du succès. A quel prix ? Moyennant quelques gouttes de sauce habilement employées, car le poisson est bon.

Les *Chevaux à l'abreuvoir* ne sont pas seulement l'ouvrage le plus considérable de M. Veyrassat; c'est aussi ce qu'il a fait de plus complétement bon. Jamais jusqu'à ce jour l'artiste ne s'était montré si puis-

sant dans le paysage, ni si bon peintre
d'animaux. Il dépasse nos espérances, et je
regrette que la commission de placement
ne l'ait pas mis en meilleur lieu, car cette
exposition devait avancer sa renommée et
sa fortune. Mais peut-être l'injustice est-
elle noblement réparée au moment où
j'écris ceci.

Cette salle du fond était riche en pro-
blèmes insolubles, la dernière fois que je la
vis. On apercevait dans un coin, sous la
corniche, une mère décolletée décolletant
sa fille de douze ans : petit poëme intime,
signé Dusautoy. Les bonnes gens de mon
pays que j'ai promenés au Salon restaient
tout ébahis, le livret à la main, et disaient:
Comme on se fait des illusions en province!
Nous avons toujours cru que M. Dusautoy
était le premier homme de Paris pour habiller les personnes, et le voilà qui les dés-
habille publiquement, sans respect du sexe
ni de l'âge!

Un peu plus loin, sous la même corniche,

ils voyaient un magnifique portrait de
femme, signé Chaplin. C'est étrange, di-
saient-ils, voilà une belle personne et qui
appartient évidemment au meilleur monde.
Pourquoi est-elle si mal placée ? On dirait
qu'un mari jaloux a sollicité cette défaveur
comme une grâce, pour dérober sa femme
à l'admiration du public.

Il y a non-seulement de bonnes intentions, mais aussi des qualités réelles dans
le tableau de M. Humbert : *Œdipe et An-
tigone retrouvant les corps d'Étéocle et de
Polynice.* C'est l'œuvre d'un très-bon
élève, nourri des traditions de l'art classique, et qui peut-être un jour dégagera
une originalité distinguée.

Le *Christ descendu de la croix* nous
présente une fois de plus les qualités et les
défauts immuables de M. Lazerges : beaucoup de savoir et d'habitude, une correction décente, une sentimentalité sympathique et douce, une religiosité tempérée,
rien qui offense le goût, mais rien qui saisisse

le cœur; art tiède qui servira plus tard à renseigner les historiens sur la tiédeur des âmes en 1866.

M. Yan'Dargent est un dessinateur assez connu; il manie le fantastique avec une grande facilité. Le public goûte générale- lement ses vignettes, et en cela je n'ai garde de me séparer du public. Mais il ne m'est pas encore bien démontré que cet illustrateur fécond ait raison de lais- ser le crayon tous les ans pour peindre un ou deux tableaux. Jamais, jusqu'à ce jour, je n'ai trouvé dans ses peintures une qualité que le dessin ne pût mettre suffi- samment en lumière; rien qui justifiât l'emploi d'un moyen nouveau. Je ne sais pas si vous m'avez bien compris. Paul Baudry, par exemple, n'exprimerait pas la centième partie de ce qu'il a à nous dire s'il ne faisait que des dessins; pour mettre de- hors les qualités originales qui sont en lui, ii est forcé de recourir à la couleur. Une gravure, une lithographie, une photogra-

phie excellente d'après un tableau de
Baudry ne vous donne que la carcasse de
l'œuvre ; l'artiste n'est plus que la moindre
partie de lui-même s'il se dépouille de son
admirable couleur. Mais un homme qui
est surtout un croquiste adroit, comme
M. Yan' Dargent, se donne beaucoup de
mal pour un mince profit lorsqu'il étale
sur quatre ou cinq mètres carrés un petit
souvenir breton qui tiendrait dans une
page in-16. Il commet la même erreur que
moi, par exemple, si tout à coup, au lieu
de continuer en simple prose ma petite
explication, je me mettais à vous parler en
vers , avec accompagnement de musique.
Vous diriez très-justement : à qui diable
en a-t-il? Si la prose suffit à l'exposé de
ses idées , s'il n'a rien à nous faire entrer
dans l'esprit qui ne puisse s'exprimer en
prose, tous les efforts qu'il fait sont plus
qu'inutiles. Dès qu'il recourt à un moyen
nouveau , nous devons conclure que le
changement d'outil lui a paru indispen-

sable; qu'une autre muse s'est emparée de lui, et que les idées poétiques l'étouffent. C'est ainsi qu'un dessinateur s'expose aux jugements sévères de la critique et du public, s'il se met à peindre sans prouver dès l'abord qu'il a les qualités spéciales du peintre.

Il y a du goût et de l'étude dans la *Fiancée du timbalier*, par M. Léon Goupil. Le *Pâturage* de M. Amand Gautier, serait un bon tableau si l'artiste dessinait aussi bien les animaux que la figure humaine. On en prend trop à l'aise avec les animaux; on a l'air de se dire en les construisant à la diable : C'est toujours assez bon pour eux ! Il est heureux que la nature ait mis plus de soin et d'impartialité dans sa besogne. Si les bœufs, les chevaux et les moutons n'avaient pas d'autres jambes que celles que les peintres leur font, les pauvres bêtes n'iraient pas loin pour la plupart.

Cette critique ne s'adresse pas aux trois

chevaux de M. Gros. Le tableau des *Cava-
liers cherchant un gîte* est un des bons
que la peinture de genre nous ait donnés
cette année-ci. Beaucoup d'esprit, beaucoup de savoir, une grande habileté, un
goût d'époque qui se sent à demi-lieue. Et
puis, ce n'est pas un dessin mis sur toile ;
c'est de la peinture peinte : la fabrication
de la chose atteste la bonne école. M. Meissonier aurait fait mieux ; impie qui en
doute ! il aurait émaillé le tableau de quelques-uns de ces traits brillants qui sont
pour ainsi dire les *mots* à effet de la peinture ; mais il n'aurait pas cuisiné autrement
la facture de l'ouvrage.

Si vous vous arrêtez cinq minutes devant
le grand tableau de M. Ferrandiz (*la Sortie
de la Mairie, fête à Valence*), vous éprou-
verez une sensation du même genre que si
l'orchestre de l'Opéra, subitement aban-
donné des dieux et de M. Hainl, se mettait à jouer cinquante motifs à la fois.

L'orchestre de l'Opéra est cependant un

admirable orchestre, et chacun des exécu-
tants, pris à part, jouerait son air dans la
perfection. De même les bons détails, les
morceaux solides et brillants abondent dans
le tableau de M. Ferrandiz ; mais la sainte
unité fait défaut ; chacun y joue son air, et
le plaisir de voir une toile si intéressante
et si pleine de choses dégénère bientôt en
fatigue. Je suis persuadé que M. Ferrandiz
a l'étoffe d'un artiste, et qu'il obtiendra
plein succès parmi nous s'il arrive à faire
marcher ses musiciens ensemble. Mais ce
n'est pas une bagatelle que nous lui de-
mandons là.

Sur deux grands tableaux de M. Chintreuil, le plus important et le moins bon a
été relégué dans cette salle un peu maudite.
M. Chintreuil ne sera jamais mauvais, et
ses ouvrages manqués ont encore un mérite incontestable ; mais je crois qu'en cette
occasion il a un peu forcé son talent. C'est
M. Corot qui nous peindra le *Soleil bu-*
vant la rosée, si toutefois M. Corot se ré-

concilie avec le soleil par l'entremise de leurs
amis communs. Quant à M. Chintreuil, je
le trouve excellent, c'est-à-dire tout à fait
lui, dans ce paysage de giboulée, où les
terrains, les arbres en fleur et les vapeurs
qui noient l'atmosphère, composent un ensemble si vivant et si vrai.

Puisque M. Chintreuil nous a entraînés
à sa suite dans la salle des C, restons-y.
Nous laissons probablement en arrière un
certain nombre de bons tableaux, mais c'est
un accident inévitable, malgré toute la
bonne volonté de votre serviteur.

XIV

MM. Chaplin, Castan, Coessin, Ciceri, Chaigneau, Collette, Chautard, Compte-Calix, Chavet, Cathélinaux, Eug. Claude, J.-M. Claude, Charles Comte, Émile Breton, A. de Curzon, Clère, Cambon, Bailly, Bertron, Barré, Brandon, A. de Balleroy, Caraud, Chevandier de Valdrôme, Colla, Charmerlat, Chabry, Gustave Castan, Corot.

Heureusement tous les tableaux de M. Chaplin ne sont pas juchés sous la corniche et j'ai pu voir de près cette délicieuse composition qu'il intitule *Un Rêve*.

C'est un panneau décoratif, destiné à un hôtel qui paraît être dans son entier un rêve de splendeur intelligente, si j'en crois

un des rares privilégiés qui l'ont vu. Le
tableau de M. Chaplin ne déparerait pas
un château des Mille et une Nuits : il n'ef-
farouchera point les fées ; il les attirerait
plutôt. Je ne crois pas que l'art français
ait souvent produit quelque chose de plus
léger, de plus frais, de plus délicat. Rêvez
qu'une bulle de savon se métamorphose en
Vénus et qu'une légion de petits amours
aériens et transparents comme elle viennent
lutiner son sommeil. Voilà le rêve de
M. Chaplin. L'artiste a convoqué les formes les plus gracieuses et les tons les plus
friands ; il a pétri le tout d'une main plus
que féminine et il a fait une œuvre qui
nous transporte le plus agréablement du
monde à mille lieues des épaisses réalités
d'ici-bas.

Lorsque la fantaisie atteint son but en
plein, elle échappe aux objections de la
critique. On ne discute pas sous le charme ;
on jouit d'un plaisir délicat entre tous, qui
est de céder sans résistance à l'aimable des-

potisme de l'art. Parbleu! messieurs les
difficiles, avez-vous la prétention de m'apprendre que cette Vénus Pompadour n'est
pas de même viande que la femme au perroquet? Je le sais bien, et je me réjouis
d'avoir le sens artistique assez large pour
goûter la puissante réalité de l'une et l'exquise invraisemblance de l'autre. Il est bon
d'ouvrir les yeux à ce qui est vrai; on n'est
pas déshonoré pour savoir les fermer à
propos, quand vient l'heure des doux son-
ges. Les immortels décorateurs de Pompeï
et de Pékin, ces divins anonymes à qui la
fantaisie doit ses chefs-d'œuvre, ont traité
la nature mille fois plus cavalièrement que
M. Chaplin. Discute-t-on les libertés qu'ils
ont prises? L'homme n'est pas si sot que
de bouder ainsi contre ses meilleurs plaisirs.

La seule critique sérieuse que j'aie entendu formuler à propos de ce joli rêve,
la voici. Une jeune et jolie femme, dont
j'ignore le nom, arrive devant le tableau,

le regarde et s'écrie : « Ah ! quel charmant
Boucher M. Chaplin nous a fait là ! »

Hé bien ! non ; j'en demande pardon à
la belle et spirituelle promeneuse ; le tableau de M. de Chaplin n'est pas un pastiche de Boucher. Boucher a peint beaucoup de femmes nues et une myriade
d'amours lutins, mais il n'a jamais eu le
charme et la suavité qui nous enchantent
ici. Presque toujours il garde une certaine
dureté jusque dans ses mollesses. Allez voir
à l'exposition rétrospective le beau et célèbre portrait de Mme de Pompadour : les
draperies sont métalliques, et il y a du zinc
dans presque toutes les draperies de Boucher.

Cependant, je dois l'avouer, Boucher
avait sur M. Chaplin un immense avantage. Il vivait dans un siècle de luxe intelligent. Les millionnaires de son temps ne
croyaient pas qu'un appartement fût dé-
coré par des étoffes, des glaces et des do-
rures : on voulait que partout l'art excusât
et ennoblît la dépense. Une personne d'un

certain monde n'aurait pas cru être chez
elle si elle s'était vue entourée de ce luxe
tout fait que le premier venu va prendre
chez le marchand. Boucher eut donc peut-
être cent fois plus de décorations à peindre
que M. Chaplin n'en obtiendra dans sa
vie, quoique Paris fût alors cent fois moins
riche qu'aujourd'hui.

M. Castan (Edmond) a exposé un joli
petit portrait d'homme et un charmant petit tableau de genre; ses enfants endormis
sont d'une vérité tout à fait aimable.

Le *Portrait* et le *Repos* de M. Chavet
confirment l'opinion que nous avons depuis longtemps sur cet artiste fort et fin;
mais je n'y vois pas d'éléments nouveaux
à signaler, quoique M. Chavet semble
porté à agrandir ses cadres.

Toujours beaucoup de facilité, pas mal
d'esprit et quelque charme dans les petites
fragonardises de M. Comte Calix. J'espère
qu'on me pardonnera ce barbarisme en faveur de l'intention. Je n'admire pas folle-

ment ces tableaux qui semblent peints à
coups de langue, mais la vérité me force à
reconnaître qu'ils font fureur dans le public. La grande usine de la rue Chaptal,
qui alimente de gravures les neuf dixièmes
du monde civilisé, nous renseigne aussi
positivement sur le goût contemporain que
le thermomètre de l'ingénieur Chevallier
sur la température de Paris. Eh bien, j'ai
pris mes informations en bon lieu, et, grâce
à l'obligeance du puissant intermédiaire
qui a versé plus de cinquante millions dans
sa vie au mains des artistes, je puis dire que
M. Goupil vend dix images de M. Compte-
Calix contre deux gravures d'après Raphaël.
Un mathématicien qui conclurait de là
que M. Compte Calix est à Raphaël comme
cinq est à un, commettrait une lourde et
scientifique bêtise. Mais comme il est impossible d'admettre qu'un artiste plaise à
tant de gens sans avoir un mérite hors ligne,
c'est assurément moi qui me trompe et tout
le monde qui a raison.

Les deux tableaux de M. Collette ne répondent pas aux espérances que l'artiste nous avait données. Mais les tâtonnements sont permis à la jeunesse, et il serait injuste de la condamner sur un faux pas.

Il y a un talent encore un peu vert, mais jeune et vigoureux dans l'exposition de M. Chautard. L'enseignement d'Henri Lehmann superposé à celui d'Ary Scheffer a plutôt développé qu'obscurci l'originalité de l'artiste. Le *Thésée* de M. Coëssin de La Fosse nous prouve que la peinture d'histoire n'est pas encore désertée par les jeunes gens d'avenir.

Les pochades de M. Eugène Ciceri sont toujours des merveilles de facilité. Impossible de peindre avec plus de maëstria par dessous jambe.

J'ai remarqué une bonne nature morte de M. Eugène Claude et un excellent tableau de genre, la *Fermeture*, par M. Maxime Claude. J'aime à voir que le nom de Claude, qui rappelle le plus grand pay-

sagiste français, ne menace pas de s'é-
teindre.

Le vieux chasseur de M. Maxime Claude,
et ses chiens, et tous les détails du tableau
sont pleins de vie et de force. Il f t un
temps où l'on reprochait au peintre la
quasi-transparence de ses figures ; ce talent
nerveux et foncièrement cynégétique paraît avoir consolidé son exécution.

Je mangerais volontiers des moutons de
M. Chaigneau ; ils n'ont pas seulement
bonne laine comme les moutons de la peinture allemande ; la chair est ferme, et on
devine une solide ossature là-dessous.

M. Cathélinaux est un de ceux qui cherchent à nous consoler de l'absence de Ja-
din. Tâche ardue, j'en conviens, mais il y
a déjà un certain mérite à l'entreprendre,
et ce mérite n'est pas le seul qu'on appré-
cie dans M. Cathélinaux. Il dessine fortement ses bêtes, et il peint bien, sans avoir
la furie un peu brutale du maître. Ses
paysages sont justes et sentent une franche

odeur de nature. La vallée dans la forêt de
Saverne est si vraie que je l'ai reconnue
sans regarder au catalogue : nos grands arbres, nos rochers, nos bruyères ont trouvé
dans M. Cathélinaux un nouvel interprète,
et un bon.

M. Charles Comte est sans contredit un
de peintres les plus aimables et les plus délicats ; il a le goût pur et la touche fine :
son érudition ne laisse rien à dire. Parmi
nos peintres de genre historique, je n'en
vois pas un seul qui soit plus complétement
outillé.

Mais la vigueur lui manque un peu et
la grandeur aussi : il est enclin à effémi-
ner le caractère de l'histoire. Les anciens
ont pu dire que Térence n'était qu'un Mé-
nandre réduit de moitié ; je craindrais
d'être injuste en disant que M. Charles
Comte est un demi-Delaroche ; mais il existe
une parenté visible entre lui et l'éminent
artiste qui ne fut pas son maître. M. Comte
est élève de M. Robert Fleury, qui, dans

sa jeunesse, exagérait volontiers la brutalité
des faits ; un tempérament doux l'a fait
pencher vers la manière inoffensive et con-
ciliante de Paul Delaroche. Il atténue
plutôt qu'il ne force ; il ramène à des
proportions accessibles les géants de l'âge
héroïque. Lorsqu'il s'enferme modestement
dans un joli petit sujet intime, à la Willems,
il vaut Willems. Mais les grands hommes et
les grands sujets semblent déconcerter un
peu ce joli talent plus gracieux que robuste.

La somme de vigueur dépensée par le
peintre est à peu près égale, soit qu'il nous
montre une jeune Hollandaise à sa brode-
rie, soit qu'il conduise le vieux Charles-
Quint et son restant de cour dans les salles
du château de Gand. L'empereur démis-
sionnaire et les hommes qui le suivent ont
l'air de n'être là que pour donner l'échelle
du palais et du mobilier, pour faire dire aux
spectateurs : « Que ce fauteuil est grand et
que ces messieurs sont petits ! »

Les princes du seizième siècle (M. Comte devrait le savoir) ne ressemblaient en rien à ces rejetons dégénérés que la photographie livre depuis dix ans au dédain raisonné des peuples. Cette race était mâle et forte : elle avait manié la lance et porté la cuirasse. Allez faire une visite au musée d'artillerie ! feuilletez l'excellent et savant catalogue de M. Penguilly L'Haridon, et vous reviendrez convaincu que les pâles ombres léchées si délicatement par M. Charles Comte ne représentent pas les hommes d'un si rude temps.

Jules Breton n'a rien exposé ; c'est grand dommage, mais on assure qu'il nous indemnisera magnifiquement en 1867. Son frère Émile poursuit cette marche ascendante qui l'amènera tantôt au premier rang de nos paysagistes. L'Étang est une toile de moyenne grandeur où l'on peut signaler dès à présent des qualités magistrales.

M. Alfred de Curzon paraît avoir rompu décidément avec le paysage. Sa *Résur-*

rection de Pompéi est un tableau d'histoire, sauf les proportions. Les figures évoquées par l'artiste se profilent le plus noblement du monde sur les merveilleuses fabriques de la petite ville endormie. Leurs mouvements et leurs draperies respirent un goût savant et pur Le talent de M. de Curzon est un des plus originaux de ce temps-ci, car il est fait d'austérité et de tendresse. Rien de plus chaste et de plus doux que son portrait de femme, le premier qu'il ait exposé, si je ne me trompe. La forme en est peut-être encore un peu enveloppée, mais la suavité harmonieuse des couleurs, la grâce contenue, la caresse discrète du pinceau, certain je ne sais quoi qu'on cherchait dans les premières œuvres de M. de Curzon et qu'on trouve ici, nous montre un progrès décisif dans le talent du peintre.

Un excellent petit portrait de M. Clère, malgré l'abus des demi-teintes, et un beau portrait de M. Cambon malgré le défaut

contraire ; les *Vendanges* de M. Bailly
et la *Messe auvergnate* de M. Berthon,
deux bons tableaux de genre ; le *Sab-
bat*, très-curieux intérieur de synago-
gue, saisi avec beaucoup d'esprit, par
M. Brandon ; les *Chevaux arabes*, vivement mis en scène par M. Balleroy, mais un
peu brossés en décor; un grand portrait
un peu cendré, mais juste et vivant, signé
Charmerlat ; un fort beau paysage de Pro-
vence, signé Colla : une excellente marine
de M. Chevandier de Valdrôme; deux jolies études d'après nature par M. Chabry;
deux toiles de M. Gustave Castan, moins
étonnantes que ses premiers paysages tout
en rochers, mais plus fouillées et plus
nourries : voilà toute une collection d'ouvrages recommandables à divers titres et
qui mériteraient sans doute un examen plus
détaillé. Mais le temps me talonne impitoyablement. Dans une dizaine de jours, il
nous faudra plier bagage, et nous avons encore deux salles de peinture à voir, sans

compter les dessins, les sculptures et l'architecture.

Il est vrai que certains artistes n'ont pas
besoin d'être critiqués dans le détail de leurs
œuvres. M. Caraud, par exemple, a des
qualités si connues, une manière si bien
déterminée et si parfaitement acceptée du
public, qu'il y aurait peu de profit à s'éten-
dre sur ses tableaux de l'année. C'est un
talent fort aimable et véritablement coquet,
le talent de M. Caraud. Ses petites figures
souriantes et potelées sont dans toutes les
mémoires. Qu'importe le sujet aujourd'hui
plus joyeux, demain plus grave, après-de-
main légèrement égrillard ? Il suffit que je
vous dise : M. Caraud a exposé deux tableaux. Vous les connaissez à l'avance
comme si vous les aviez vus.

Dans un autre ordre de talent, M. Corot, le grand poëte paysagiste, désarme
également la critique. Il fait, sans se lasser,
des tableaux poétiques, mystérieux, remplis
d'une ombre exquise et d'une vapeur inef-

fable. Mais si l'on ne se fatigue jamais de
les voir, on se fatiguerait bientôt de les décrire. J'ai analysé de mon mieux, il y a
neuf ou dix ans, l'art merveilleux, étrange,
unique, qui met M. Corot à la tête des
paysagistes contemporains. Voulez-vous
que je me recopie moi-même ? Non ! Vous
m'objecteriez avec juste raison que M. Corot ne s'est jamais recopié, lui, et que la
critique est tenue de suivre le talent pas à
pas jusque dans ses plus légères ondulations. Mais, d'un autre côté, si les change-
ments survenus dans le talent d'un maître
sont d'une telle subtilité que la plume ne
puisse les traduire ? Le peintre parle à vos
yeux, le critique ne s'adresse qu'à votre
esprit, et le peintre en dit plus d'un seul
coup de pinceau que nous ne saurions en
débiter en vingt pages.

Laissez-moi dire seulement deux choses,
à propos des plus récentes nouvelles qui
sont arrivées jusqu'à mon village.

On a beaucoup parlé d'un des Corots de

cette année, le *Soir*, qui vient d'être payé
18 ou 20 000 fr. par un très-puissant
amateur. Le chiffre peut étonner ceux qui
connaissent la modestie du peintre et sa
vieille habitude de donner ses tableaux
pour presque rien. Mais la valeur intrinsèque de sa peinture est telle que jamais,
entendez-vous ? elle ne sera payée trop
cher. M. Corot est, au sentiment unanime
de tous les connaisseurs, un paysagiste
unique. Ses œuvres n'ont rien à craindre
du temps. Tous ceux qui les possèdent n'ont
qu'une chose à faire, c'est de les garder;
les galeries qui n'en ont pas sont des galeries incomplètes. Le jour où tous les ouvrages du peintre poëte seront cotés à leur
vrai prix, plus d'un spéculateur se mordra
les doigts et dira : Que ne les ai-je achetés
quand l'ignorance publique les maintenait
à 2000 fr. pièce ?... Regret tardif, que la
honte aggrave toujours un peu chez nos
soi-disant amateurs.

Une autre honte à éviter; mais celle-ci

ne menace que nos artistes. Que pensera-
t-on après nous, et même de notre vivant, à
l'étranger, si l'on sait qu'il existe en France
une médaille d'honneur, décernée par
les peintres eux-mêmes, et que les peintres français l'ont obstinément refusée à
Corot ?

Les occasions n'ont pourtant pas manqué. On a vu, notamment en 1866, la majorité des votants disperser ses voix en tout
sens et même jeter quarante billets blancs
dans l'urne, faute de rencontrer une œuvre capitale dans la cohue de l'Exposition.
En pareil cas, dira l'histoire, n'était-il pas
simple et naturel de décerner la haute récompense au paysagiste qui, pendant trente
ans, avait le plus puissamment honoré son
pays ?

Au moment d'aborder une autre salle,
je suis pris d'un scrupule et je reviens sur
mes pas. J'ai failli passer sous silence un
des plus jolis tableaux de genre, l'*Au-
berge du Grand Saint-Hubert*, par M. Le-

wis Brown. Il est vrai que nous avons déjà
parlé de M. Brown dans le grand Salon du
milieu, où son *École du Cavalier* a eu tant
de succès dès l'ouverture. Mais M. Brown
a deux cordes à son arc; non-seulement il
traite avec beaucoup de vivacité les sujets
militaires à la Pils, mais il travaille brillamment dans le sport; chiens, chasseurs et
chevaux sont tous de son domaine. Il a la
fougue, le brio, la gaieté, cette surabon-
dance de mouvement et de vie que les An-
glais demandent à ce genre de peinture, et
qu'une petite élite de gentlemen amateurs
commence à apprécier chez nous.

Pour finir, une nature morte, bien
peinte : artiste totalement inconnu. Le livret le désigne sous le nom de M. Barbé.
Le tableau était placé juste sous la corniche; il y est probablement encore aujourd'hui. Excepté trois ou quatre mauvais
coucheurs de mon espèce, qui est-ce qui
se soucie des artistes inconnus ?

XV

MM. Bouguereau, G. R. Boulanger, Mme Henriette Browne, Auguste Bonheur, Berchère, Bodmer, Brest, Belly, Boutibonne, Angeli, Baugniet, Boulogne, Barou, Blin, Baudit, de Beughem, Berthon, Boudin, Guermann Bohn.

Que celui qui est sans péché me jette la première pierre! Je crains de n'avoir pas toujours été juste pour M. Bouguereau.

Certes il n'y a eu dans mon fait aucun parti pris de malveillance. Les camaraderies d'Athènes et de Rome aboutissent plus souvent à l'admiration mutuelle qu'au

dénigrement systématique, mais elles ont
un danger que je veux signaler ici. Lorsqu'un artiste a montré dès l'école un talent
exceptionnel, ses camarades en prennent
une si grande opinion, qu'ils se mettent à
fonder sur lui des espérances exagérées. Si
plus tard, en mûrissant, il ne donne pas
exactement ce qu'on attendait de lui, les
plus enthousiastes sont les premiers à le
juger avec rigueur ; on lui demande compte
des illusions qu'il n'a pas justifiées ; on va
même jusqu'à oublier les nombreuses et
importantes qualités qu'il a, pour signaler
uniquement celles qui lui manquent.

Mettez-vous un instant à la place d'un
critique inexpérimenté, prompt à s'enflam-
mer pour ce qui lui paraît beau, excessif
dans l'espérance comme dans beaucoup
d'autres choses. Lorsque je débarquai pour
la première fois à l'école de Rome, M. Bouguereau était le jeune peintre qui promettait le plus. Il composait, dessinait, peignait, faisait tout avec une quasi-perfection

qui lui laissait vraiment peu de chose à
apprendre. Baudry se distinguait de tous
les autres par un certain je ne sais quoi,
mais il était bien moins fort et surtout moins
complet que Bouguereau. Il est donc naturel et, jusqu'à un certain point, excusa-
ble, qu'un certain nombre de contemporains aient éprouvé quelque surprise en
voyant un grand artiste sortir du petit je
ne sais quoi de Baudry, tandis que Bouguereau restait un excellent artiste, et rien
de plus. De là cette injustice dont je me suis
rendu coupable, non pas en faveur de Baudry, qu'on ne saurait trop louer, car il est
le plus grand peintre et le plus original de
notre époque, mais au préjudice de M. Bouguereau.

A dire vrai, M. Bouguereau ne manque
que de génie. Il a reçu de la nature et de
l'éducation tous les talents qui font un artiste complet. Il sait faire un tableau, il sait
dessiner excellemment une figure ; il manie
les draperies avec un goût pur et délicat.

Sa peinture est solide et sa couleur agréable; il fait bien tout ce qu'il fait; ses personnages sont étudiés, sans affectation ni
mièvrerie, jusqu'au bout des orteils. La
moindre de ses qualités suffirait à mettre
en lumière un jeune artiste inconnu. Nous
passons notre vie à proclamer l'avénement de nouveaux peintres qui ne valent
pas, dans toute leur personne, le petit
doigt de M. Bouguereau. C'est qu'une
qualité se détache bien plus visiblement
lorsqu'elle est seule, au milieu de défauts
et d'inexpériences qui servent de repous-
soirs. Plus une œuvre est voisine de la
perfection, plus ses mérites se cachent
et se confondent dans la beauté de l'ensemble.

M. Bouguereau est un véritable artiste
et l'un des plus complets que nous possé-
dions à Paris. Quant au je ne sais quoi
qui lui manque, il est injuste de lui reprocher cette lacune. Elle serait comblée depuis longtemps si un travail énergique et

intelligent pouvait suppléer le plus rare des
dons naturels.

M. G. R. Boulanger est éclos dans le
même atelier que Gérôme. Il n'a pas toujours suivi la même route; son originalité
fort indépendante l'a entraîné tantôt à
droite, tantôt à gauche; les influences de
Rome et d'un milieu académique l'ont
fait dévier çà et là; mais il y a toujours
une parenté visible entre ces deux talents.
Curiosité, recherche, finesse et quelquefois un grain de préciosité, amour du
nouveau, passion du fini, besoin du détail
exact : voilà les traits communs qui unis-
sent ces deux artistes et maintiennent entre
eux comme un air de famille. Ils auraient
beau se déguiser l'un en Arabe et l'autre en
Pierrot, la parenté se trahirait malgré eux.

Mon intention n'est pas de subordon-
ner l'un à l'autre, car M. G. R. Boulanger, quoiqu'il ait fait une œuvre considérable et variée, n'a pas encore donné la
dixième partie de ce qui est en lui. Mais

je cherche à m'expliquer pourquoi M. Gérôme est arrivé plus vite en partant du
même point, et je crois qu'il doit un peu
cet avantage à une volonté plus ferme, à
un chemin mieux suivi, à un but plus tôt
déterminé. Le petit tableau de la *Mar-*
chande de couronnes est charmant de tout
point; cette grande composition, qui nous
montre Catherine Ire chez Méhémet Bal-
tadji, pétille de jolis détails, de traits spirituels; les mouvements y sont aussi ingénieux et parlants que les costumes sont
d'une vérité recherchée. Et pourtant une
sorte d'indécision semble planer sur cette
œuvre intéressante; la critique y trouve
peut-être moins de choses discutables que
dans la *Cléopatre* de M. Gérôme, et pourtant cela vaut moins, quoique cela vaille
assurément beaucoup. On regrette un as-
saisonnement, un rien qui manque, une
goutte de cette huile de volonté qui donne
tant de prix aux moindres tableaux de
Gérôme. Est-il donc si difficile de vouloir?

Le portrait de Mme H. d'O., par Mme Henriette Browne, est l'œuvre d'un beau talent qui se fortifie de jour en jour. Vous savez probablement que le portrait est le dernier mot de la peinture. On peut faire une nature morte irréprochable sans être capable du moindre paysage; on peut dessiner très-proprement une figure nue, posséder la forme humaine dans une mesure raisonnable et rester court en présence du moindre portrait. La forme humaine est, sans contredit, la plus difficile à modeler; d'abord, parce qu'elle a des délicatesses infinies, et surtout parce que tout le monde la connaît, et que la moindre infidélité de l'artiste nous saute aux yeux. Mais un torse, une jambe, un bras contiennent cent fois moins de détails individuels et précis qu'un visage où nos habitudes, nos plaisirs, nos chagrins, nos pensées ont laissé tour à tour une empreinte qui reste.

Mme Henriette Browne a débuté par des tableaux de genre qu'on a trouvés

charmants, parce qu'on y voyait beaucoup
d'esprit et une couleur à la fois aimable et
savante. Nous avons ensuite admiré des
têtes d'étude, grandes comme nature, et
qui comportaient une assez forte dose de
dessin. Mais une tête d'étude n'est pas dessinée comme un portrait; elle n'a pas besoin de ressemblance, il suffit qu'elle ait la
vraisemblance.

C'est donc par le portrait que Mme Henriette Browne s'est placée définitivement
dans l'élite des artistes contemporains : la
voilà peintre d'histoire. Le portrait de
Mme H. d'O. n'est pas son premier, mais
c'est assurément son meilleur. Composition belle et simple, goût charmant, couleur fine, modelé savant, uni, discret, qui
dit tout sans insister sur rien; un grand
air de douceur et de grâce distinguée dans
l'ensemble de l'œuvre.

Le grand troupeau de M. Bonheur a
obtenu un succès mérité. Les animaux sont
bien, et le paysage très-confortable. Bon

travail, honnêtement fait; mais pourquoi
M. Bonheur regarde-t-il la nature à travers
des lunettes jaunes? ses arbres et ses va-
ches ont l'air de baigner dans une sauce
rousse.

Le Ralliement des caravanes grossira
la liste des excellents tableaux de M. Berchère. Cet Arabe qui se hisse sur son dro-
madaire en élevant une torche enflammée,
n'est pas seulement bien peint et campé
dans un mouvement superbe; la poésie du
désert vit en lui.

M. Bodmer a groupé une famille de
sangliers dans un paysage très-vigoureux
et très-vrai. Les chênes ont l'air de géants
aux cent bras. Le beau dessin ne gâte
pas une forêt; au contraire.

Je ne sais pas si M. Brest est retourné
en Orient; on le dirait. Sa peinture est
celle d'un homme retrempé. Beau talent;
du Ziem moins brillant, et pour ainsi dire
étuvé; mais que de choses, que d'idées,
que de détails charmants dans ces tableaux

de M. Brest. Rien qu'à les voir, on fait le voyage.

M. Belly n'a jamais rien fait de plus original et de plus complétement beau que son paysage de la mer Morte. Ce décor est un drame ; la terre sue le soufre ; le naphte miroite sur les eaux ; l'air est comme écrasé par les miasmes. On se demande si les villes maudites ne vont pas s'éveiller de leur sommeil et monter à la surface de l'eau, toutes grouillantes de crimes infâmes et de vices sans nom.

Je cite trop rapidement (mais le temps presse), un joli portrait bleu signé Boutibonne ; joli, tendre, friand, appétissant, presque sensuel. Deux petits portraits de femme très-spirituellement traités par M. Angeli. *La Toilette de la mariée*, aimable tableau de genre, par M. Baugnet ; un grand paysage, effet du soir, signé Boulogne ; une chaumière flamande, par M. Berthon ; deux petites plages normandes, finement peintes par M. Boudin.

18

Rien à dire de M. Henri Baron, sinon
qu'il est plus jeune, plus vif et plus brillant que jamais. M. Baudit s'est renouvelé; il est allé dans le Midi faire sa provision de paysagiste. Il en a rapporté des
arbres superbes, une nature grandiose et
chaude. Son bois des environs de Cannes
est à plus de deux cents lieues des petits
paysages que M. Baudit étalait autrefois
dans la rue Laffitte. La composition, la
facture, le peintre lui-même, tout a grandi
comme si Nicolas Poussin avait soufflé dessus. A la bonne heure!

J'entends tous les flâneurs du Salon
crier à la décadence, et j'avoue qu'à ma
première visite l'admiration ne m'avait pas
positivement saisi. Mais quand on voit les
choses d'un peu près, il faut bien avouer
que nous avons toute une génération gran-
dissante. M. Blin, par exemple, est dans la
voie du beau progrès. Il avait peint pas-
sablement de bonnes toiles en sa vie : le
voici qui s'élève au-dessus de lui-même; il

a frappé un grand coup ; il obtient un de
ces succès décisifs qui avancent leur homme
d'une classe. Son grand tableau de marée
basse est l'œuvre d'un homme non-seulement très-bien doué, mais qui sait. Je l'ai
vu et revu, et ma critique n'y a pas trouvé
à mordre ; et chaque fois que je revenais
dans l'espoir de prendre l'artiste en faute,
je m'en allais battu et enchanté.

J'ai réservé M. Guermann Bohn pour
la fin, parce qu'il se met lui-même à part
de tous les autres. Non-seulement hors des
écoles et des coteries, et des singeries,
mais hors du siècle présent. Quel singulier
talent ! Car il a beaucoup de talent, ce
Germain, ce primitif, cet élève d'Albert
Durer et de Martin Schœn ! Rien ne l'em-
pêcherait de peindre sainte Agnès et sainte
Élisabeth de Hongrie, d'après les modèles
qui circulent dans le quartier Bréda. Il
aime mieux se vieillir de quatre ou cinq
cents ans et composer, ajuster ses figures
à la mode gothique, et dans cet exercice il

reste original! Ses saintes ne sont pas des
pastiches. Elles n'ont pas moisi dans
l'ombre des cathédrales; les macérations
n'ont pas fait saillir leurs os, les rhuma-
tismes du cloître n'ont pas tordu leurs
corps; on voit circuler la vie, une vie
douce, heureuse, allemande, sous leur
peau fraîche et rose. M. Guermann Bohn
est donc un homme de parti pris, comme
M. Gustave Moreau, et il dépense aussi un
véritable talent à la poursuite d'une chi-
mère. Mais je l'excuse plus volontiers pour
deux raisons : d'abord parce qu'on ne
cherche pas à le poser en chef d'école, ensuite parce que la peinture religieuse.....
Mais ceci pourrait nous entraîner trop loin.

XVI

MM. Bonnat, Anker, Antigna, Bracquemond, Louis Boulanger, Mme Anselma, MM. Blum, Bellel, Besnus, Bernier,
d'Altheim, Appian, André Achenbach, Anastasi, Jules
André, Achard, Brunet-Houard, Bombled.

Il se peut qu'au moment où je griffonne
cette critique, le suffrage des exposants ait
donné la grande médaille d'honneur à un
tableau de M. Bonnat[1].

1. M. Bonnat a obtenu le plus grand nombre de
suffrages ; mais la majorité absolue n'ayant pas été ac-
quise, on n'a pas décerné la médaille d'honneur.

Auquel? Je ne saurais le deviner de si
loin. Les deux tableaux du jeune peintre
sont remarquables à divers titres. *Le Saint
Vincent de Paul* est un fort bon tableau
d'histoire. Les nus y sont traités d'une
main ferme et savante. La couleur me
paraît belle; elle manque peut-être un
peu d'originalité, elle nous rappelle un
peu trop que l'éducation artistique de
M. Bonnat s'est commencée en Espagne;
mais ces réserves n'impliquent pas le
crime de pastiche; il y a un abîme entre
M. Bonnat et M. Ribot. J'estime que la
préfecture de la Seine a eu la main heureuse en choisissant M. Bonnat pour ce travail important, et je ne protesterai pas
contre le salaire d'une telle œuvre, quand
même elle serait payée 4000 fr. de plus
que le prix convenu.

Mais, d'autre part, tout le monde pense
et dit que le petit tableau de M. Bonnat
est encore meilleur que le grand. Sur ce
point, je suis d'accord avec le public. *Les*

*Paysans napolitains devant le palais Far-
nèse* font un groupe ingénieux, bien composé, bien peint, et supérieur à tous les
autres ouvrages du même artiste, sans
excepter *le Saint Vincent de Paul.* Reste
à savoir s'il serait utile et exemplaire de
décerner la grande récompense dont il
s'agit à ce joli petit tableau. Certes,
M. Bonnat a fait des progrès merveilleux,
et je ne crois pas le surfaire en disant qu'il
se classe aujourd'hui parmi nos meilleurs
peintres; mais peut-être lui rendrait-on
un dangereux service en lui signant trop
tôt son diplôme de maître sur maître. Ses
petits paysans sont bien rencontrés et bien
saisis; ils pourraient être comparés à ceux
d'Hébert, ce qui n'est pas un mince éloge.
Mais Hébert, qui a fait dix tableaux dans
le même genre, sans compter ses œuvres
capitales, n'a jamais obtenu la médaille
d'honneur. Si nous donnons un prix de
4000 fr. à ce charmant ouvrage, quelle
récompense aurons-nous pour *la Mal' Aria?*

Je serais désolé que M. Bonnat ou ses amis pussent voir dans cette discussion une pensée malveillante. Le talent du jeune peintre m'a été sympathique dès ses débuts ; je prendrais bien mal mon temps si je cherchais à le rabaisser au moment même où il s'élève. Mais je persiste à dire qu'on le servirait au rebours si l'on se hâtait trop de le placer hors ligne. Laissons-lui croire qu'il a encore des progrès à faire ; ce serait l'enchaîner à cette demi-perfection dans un genre secondaire que de lui crier publiquement : « Vous êtes au but ! » Il n'y est pas, mais il y arrivera : qu'il continue seulement à marcher droit devant lui.

Un joli succès de cette année, c'est l'exposition de M. Anker. Sa petite paysanne endormie est bien gentille, et les deux écolières sont charmantes. Je goûte fort la *Sérénade* de M. Antigna. Son *Cauchemar* est moins heureux ; la figure de femme a moins de valeur, et il y a dans

cette composition une bizarrerie fort inutile.

M. Bracquemond vient enfin de percer.
Que la fortune des expositions est bizarre!
Il y a plus de dix ans que le talent de ce
jeune homme était apprécié de vingt-cinq
ou trente connaisseurs. Une certaine frac-
tion du public l'avait distingué dans la foule
des graveurs à l'eau forte; mais que de
fois j'ai encouru le reproche de camarade-
rie en disant : Bracquemond a l'étoffe d'un
grand dessinateur!

Il a justifié en un jour nos plus audacieux paradoxes. La première fois qu'il essaye de peindre à l'huile, il aborde résolû-
ment un portrait grand comme nature, il
obtient une médaille (ceci n'est rien), et il
prouve qu'il sait modeler une tête comme
les maîtres. Je ne sais pas si M. Ingres a vu
ce portrait de Mme P. M., mais s'il l'a vu,
je doute qu'il ait pu rester froid devant
ce début, si étonnant par la puissance et la
science. Ajoutez qu'il est fort bien peint,

ce portrait, et solide comme une muraille.
Les qualités du coloriste ne sont pas encore
entièrement développées chez M. Bracquemond; il ne fait pas assez pour le plaisir
de nos yeux; il a le tort d'emprunter à
M. Fantin ses fonds ultramodestes. Mais
le plus fort est fait. Voilà le poisson pris,
il est temps de songer à la sauce.

Il y a des peintres nerveux qui suppor-
tent mal la discussion et se brouillent avec
celui qui les critique, sauf à lui sauter au
cou dès qu'il aura loué leurs tableaux. Si
M. Louis Boulanger était de cette catégorie, il n'aurait eu que des amitiés intermit-
tentes, car il est assurément le plus inégal
de nos grands peintres de genre. Sa carrière ne ressemble pas mal au voyage du
Géant, le ballon follement héroïque : tantôt
par dessus les nuages, tantôt au ras du sol
et se cognant à tous les arbres; admirable
souvent, détestable parfois, médiocre jamais. Par moments, vous avez des tenta-
tions de le battre; l'an dernier, par exem-

ple, quand il a exposé son coquin de César.
Mais personne ne s'avisera de dire : il est
perdu. On a beau le rencontrer à mille
lieues de son chemin, on devine qu'il se
retrouvera un jour ou l'autre. Quelle abon-
dance de vie, quelle force et quel ressort
dans ces vaillants de 1830 ! Leurs vingt
ans leur reviennent à tout propos, comme
une maladie mal soignée, et l'on est tout
émerveillé de les voir plus fringants et
plus jeunes qu'à l'époque de leur con-
scription. Allez chercher les premiers tableaux de Louis Boulanger, ses toiles
contemporaines de *Notre-Dame-de-Paris*
et des *Odes et Ballades;* comparez-les
à ce magnifique *Banquet de Truands*,
et dites-moi si le peintre a vieilli d'une
demi-journée ! Il a mûri, d'accord, mais
il y a un redoublement de jeunesse dans
cette maturité, comme il y a plus de printemps dans les cerises rouges que dans les
vertes.

Et dire que ce peintre est né en 1806 !

et que sa première médaille est datée du salon de 1827!

Il est presque impossible de nommer Louis Boulanger sans Eugène Delacroix. La parenté des deux talents est visible. En 1857, M. Louis Boulanger exposait un petit *Roméo achetant du poison*, et je ne craignais pas de dire : « Ce *Roméo* ne ferait pas tache entre la *Mort de Valentin* et le *Tasse à l'hôpital des fous*. Aujourd'hui, je voudrais voir le *Banquet des Truands* à côté de la *Mort de l'archevêque de Liége* : n'ayez pas peur! il survivrait à l'expérience, si périlleuse qu'elle vous semble au premier coup d'œil.

J'ai signalé ici même, il y a deux ans, le premier tableau d'une jeune dame qui signe « Anselma, » et qui, comme Mme Henriette Browne, est élève de M. Chaplin. Mme Anselma n'avait alors qu'un joli talent d'amateur; elle a fait de tels progrès en deux ans, qu'il me paraît difficile aujourd'hui de lui refuser le nom d'artiste. Son tableau, qui représente une petite fille de Sologne, est remarquable à bien des titres, quoiqu'il ait conservé dans certaines parties la saveur crue de l'ébauche, quoique la chemise de l'enfant ait presque autant de consistance que le terrain où elle marche. L'œuvre se tient parfaitement; c'est plus et mieux qu'une jolie tête dans un joli bout de paysage. Quant à la *Fiancée de Novgorod*, c'est un bijou de l'aspect le plus original : coloration très-riche et cependant très-fine, et dessin très-suffisant, sauf peut-être dans les mains.

Je vous signale un nouveau peintre de genre, M. Blum. Son duel de soldats ne fera pas seulement une gravure intéressante; les figures sont profondément implantées dans ce paysage de barrière : il y a déjà du savoir sous la naïveté du jeune artiste.

Les beaux paysages abondent ici; on dirait que la commission de placement les a réunis en bouquet.

Voici M. Bellel, le savant dessinateur, qui se révèle comme coloriste. Une surprise! On le savait très-fort, on ne lui connaissait pas tant de charme, de grâce et de suavité. Son *Parc de Marguerie* est tout bonnement radieux. Et cette *Route de Châteldon* où les paysans du Puy-de-Dôme cheminent sans se douter qu'ils ont du grandiose et du classique par-dessus la tête! C'est beau, c'est vivant, c'est moderne, et pourtant M. Bellel n'a rien perdu de son élévation accoutumée.

Les *Chevaux en liberté* dans un marécage nous prouvent que M. Besnus ne s'endort pas sur ses premiers succès. Ceci n'est plus une simple étude, mais un tableau sérieusement construit et travaillé à fond dans les détails.

Le progrès est encore plus sensible chez M. Bernier : on croit le voir courir à grandes enjambées vers un but fort élevé ma foi! et digne d'exciter l'ambition des vrais artistes. Ses tableaux de 1866 ont

l'air d'être peints par le maître du Bernier
qui exposait en 1864. C'est toujours la vérité servie à forte dose, l'esprit d'observation porté à une haute puissance; mais
l'exécution s'est singulièrement affinée ; le
travail, plus net et plus franc, indique une
éducation plus complète et des idées mieux
assises; M. Bernier a fait repasser son couteau.

La *Marine en Bretagne* de M. d'Altheim
est bonne; son *Paysage sous bois* me paraît fort inférieur. Les *Bords du lac du
Bourget* et le *Village de Chanaz* ne nous
apprennent rien de nouveau sur le talent
si fin, si pur et si élevé de M. Appian : je
n'y vois que deux pages détachées d'un
poëme dont le commencement nous a ravis,
et je demande la suite. J'ai retrouvé avec
étonnement et avec joie un paysage d'André Achenbach, du vieux, du fort, du bon
Achenbach. A la bonne heure ! Il n'a rien
perdu de sa puissance ni de son originalité. Mais pourquoi envoie-t-il si rarement

sa peinture à Paris ? Ces *Environs d'Os-tende par la pluie* sont un tableau superbe.

Les *Cascatelles de Tivoli* et le *Couvent du Mont-Aventin* sont peut-être les deux meilleurs ouvrages de M. Anastasi. La *Vue de Saint-Dié* comptera parmi les bons tableaux de M. Jules André, et la *Cascade de Cernay-la-Ville* nous montre M. Achard, le vieux maître lyonnais dans toute la sérénité de son infaillible talent.

Il ne me reste plus à citer que la *Course plate* de M. Bombled et un *Hallali* de cerf en Vendée, vrai, animé, très-joliment traité par M. Brunet-Houard.

Cela dit, je demande pardon aux peintres de talent (et il y en a sans doute beaucoup) que j'ai passés sous silence, et je descends à la cave où l'on a caché nos sculpteurs.

LA SCULPTURE

LA SCULPTURE.

XIX

MM. Crauk, Gumery, Carpeaux, Thomas, Loison, Marcellin, Millet, Mathurin Moreau, Aizelin, Allasseur, Chatrousse, Lequesne, Iselin, Gruyère, Farochon, Maindron, Étex, Jacquemart, Oliva, Ottin, Truphème, Cordier, Dantan jeune, Frémiet, Capellaro, Cambos, Blanchard, Leroux, Feugère des Forts, Demaille, Sanson, Carrier-Belleuse, Falguière, Perrey, Roubaud, Chevalier, Delandre, Chapu, Lavigne, Moreau-Vauthier, Kopf, Lebourg, Navlet, Garnaud, Moulin, Janson, Conny, Watrinelle, Becquet, Valette, Fassin, Bartholdi, Carlier, Doublemard, Franceschi, Edm Noël, Eude, Aug. Moreau. Mmes Claude-Vignon, Dubois-Davesnes, Astoud-Trolley ; MM. Galbrunner, Heller, Reverchon.

Nous n'avons rencontré que deux membres de l'Institut, M. Lehmann et M. Gé-

rôme au premier étage. Au rez-de-chaussée, c'est différent : nous n'en verrons pas
un seul.

Là-haut, du moins, si les noms classiques
étaient rares, il y avait un bon nombre de
peintres arrivés, célèbres, et tous étaient
représentés par des ouvrages importants.
Ici, le premier coup d'œil vous donne surtout l'idée d'un concours de jeunes élèves.
Quelques noms considérables ont bien
voulu orner le catalogue, mais ils ne se
sont guère mis en frais pour orner les galeries. M. Iselin, M. Gruyère, M. Lequesne,
M. Farochon sont venus déposer leur carte
de visite. M. Crauk a exposé un tout petit
buste de marbre qui est la perle de l'Exposition. Je suis même étonné que ce joujou
(un vrai chef-d'œuvre) n'ait pas disputé la
médaille d'honneur aux petits Napolitains
de M. Bonnat. M. Jules Thomas ne nous
montre qu'un jeune guerrier traité avec
beaucoup de science et de goût, comme
tout ce qu'il fait; mais cette œuvre, com-

mandée sans doute pour l'ornement de
quelque riche hôtel, ne pouvait être originale. On a dû dire à l'artiste : Faites-nous
un de ces jolis petits guerriers du déclin de
la Renaissance, comme nous en avons vu
en Italie dans tel palais. Le programme est
rempli à merveille ; mais, dans un travail
de ce genre, l'artiste ne saurait être tout à
fait lui.

Si les meilleurs statuaires de France ont
exposé peu d'ouvrages importants, ce n'est
pas qu'ils dédaignent les succès du Salon.
C'est tout simplement parce qu'ils ont affaire ailleurs. L'État, qui est leur principal
client, les surcharge de travaux depuis
quelques années. Jamais on n'a construit
tant d'édifices publics ; jamais les architectes n'ont tant demandé à la sculpture.

Les palais qui se bâtissent aujourd'hui
sont des casernes de statues. Si l'on réu-
nissait sur la place de la Concorde tous les
bonshommes de pierre et de marbre que
la France officielle a payés depuis dix-huit

ans, vous reculeriez épouvanté. Les neuf dixièmes de ces travaux ne sont pas exposables. Beaucoup sont exécutés sur place ; beaucoup restent à l'état d'ébauche, parce qu'ils ne doivent être vus que de loin ; beaucoup ont été faits trop vite, parce que notre siècle est pressé de jouir ; beaucoup ont été adjugés à tel prix, que l'artiste a dû les faire par-dessous jambe, sous peine de mourir de faim. Cette effrayante production condamne les sculpteurs à passer pour des paresseux ou à conter leurs affaires en plein catalogue dans un chapitre additionnel que personne ne lit.

Quelques-uns, heureusement fort rares, exposent les modèles en plâtre de leurs décorations. M. Carpeaux l'a fait cette année. A-t-il eu raison ? J'en doute. *La France impériale portant la lumière dans le monde et protégeant l'Agriculture et la Science*, est sans doute une allégorie fort ingénieuse ; mais les figures de M. Carpeaux, vues de près, ne représentent que

des sacs de noix agréablement tortillés.
J'entends ce que l'artiste a voulu dire : les
biens de la terre vont être tellement abon-
dants que tous les citoyens, hommes, femmes et enfants, se rempliront de noix jusqu'à ce qu'ils éclatent. Voilà l'agriculture.
Mais la science ? Ah ! la science! je la cherche et je ne la vois pas. J'entrevois un
brave sculpteur qui entend assez bien son
affaire et qui pourrait modeler simplement
une figure bien bâtie ; mais qui veut avoir
du génie et qui se fait un grand tort par ce
petit travers.

M. Allasseur n'a pas visé tout à fait aussi
haut, mais il a atteint son but. Sa statue du
poëte Rotrou est très-belle, très-noble et
véritablement décorative. Elle occupera un
des premiers rangs dans cette foule de
bronzes et de marbres qui se sont abattus
sur nos places publiques comme des saute-
relles sur un champ. L'aspect général est
simple et grandiose, digne à la fois du poëte
que Corneille appelait son père et de l'ad-

ministrateur héroïque qui courut mourir à
son poste. Les détails sont traités avec une
simplicité et une discrétion remarquables :
tout y est, rien n'y paraît : c'est la loi de l'art
décoratif.

L'artiste était tenu de faire un portrait
ressemblant; il devait donc consulter avant
tout le buste de Caffieri qui est au foyer de
la Comédie-Française. Il ne saurait y avoir
un autre Rotrou que celui de Caffieri; ce
buste est un renseignement pour ainsi dire
sacré, puisqu'il porte l'empreinte du génie.
Mais comparez le buste et la statue, ô jeunes gens qui voulez prendre une utile
leçon ! Vous verrez comment la même ressemblance peut et doit recevoir des inter-
prétations diverses, selon qu'elle est destinée à la place publique ou à l'intérieur
d'une habitation. Le buste de Caffieri serre,
creuse, fouille, affine les traits du modèle :
c'est de la sculpture de cabinet. La même
tête s'élargit et se simplifie dans l'œuvre de
M. Allasseur, parce qu'elle sera vue de

loin et d'en bas, sous le jour dévorant qui tombe du ciel.

Le beau groupe de M. Loison a des qualités exquises, des délicatesses, des tendresses, des friandises du goût le plus fin. Mais c'est moins un groupe en ronde bosse qu'un bas-relief; on ne le voit bien que d'en face; la jeune fille et le berger s'aplatissent réciproquement et semblent s'absorber l'un dans l'autre. Ajoutez que la mollesse, trop uniformément répandue, fait paraître ces deux natures également féminines. Mais ce sont là des chicanes de détail; l'œuvre est belle et l'une des meilleures de M. Loison.

M. Gumery a exposé deux marbres inédits : un buste d'Ampère et une figure de jeune fille qui rappelle un peu la *Source* de M. Ingres.

Le portrait est vivace et spirituel comme Ampère lui-même. Il va causer, il va railler, il va mordre : car, il ne faut pas qu'on l'oublie, Ampère était de la catégorie des justes offensifs. Il eût fait le martyr le plus déplorable, piquant par-ci, mordant par-là : c'est le bourreau que j'aurais plaint ! Ah ! l'aimable homme pour ses amis ! le terrible homme pour les autres ! M. Gumery l'a intimement connu à Rome, où le polémiste errant pensait à prendre ses quartiers de vieillesse quand la mort l'arrêta court. Le buste que vous voyez au Salon est un chef-d'œuvre de l'amitié. L'auteur en fait présent à l'Académie française. J'espère qu'on en mettra une copie ou tout au moins un moulage dans ce salon de la villa Médicis où M. Ampère nous a tenus tant de fois, pendant des soirs entiers, sous le charme de sa parole.

La statue de M. Gumery est un ouvrage moins achevé, ce me semble, quoique l'artiste y ait dépensé une assez forte somme de talent. Il y a des défauts qu'un mois de travail fera disparaître, sauf pourtant la proportion des jambes qui est irréparablement un peu courte. Peut-être, au demeu-

rant, la chose sera-t-elle moins sensible
quand M. Gumery aura égayé de quelques
accents plus vifs le modelé des rotules et
des malléoles. Quant à la chevelure, qui
est lourde et en paquet, il est facile de la
colorer en la détaillant. On voit que le
temps a manqué. Si l'artiste avait pu tout
finir comme la poitrine et l'emmanchement
des bras, l'œuvre serait exquise. L'ensemble en est heureux et les silhouettes charmantes; je n'y réclame qu'un peu plus de
fini, par-ci, par-là.

Mignonne est un délicieux petit marbre
qu'il faut porter à l'avoir de M. Marcellin.
Le mérite distinctif de cet artiste est de
pousser hardiment sa sculpture jusqu'à la
limite qui sépare le beau du joli, et de s'arrêter juste au moment où tous les autres
feraient la culbute. Je n'oublie pas qu'il a
fait des œuvres austères, et notamment la
Zénobie; mais sa réputation est surtout
fondée sur une demi-douzaine de marbres
si friands, si gracieux et si tendres qu'il

n'aurait plus fallu qu'un coup de pouce
pour les jeter dans la mièvrerie; mais le
pouce s'est arrêté à temps, et cette rete-
nue, jointe aux autres mérites de M. Marcellin, fait de lui un homme vraiment fort.
Quand une belle dame s'arrête devant un
de ses marbres et s'écrie : « Dieu! que
c'est joli! » les hommes qui s'y connaissent
ont le droit de répondre : « Pardon, ma-
dame, c'est mieux que joli. »

Studiosa, la petite liseuse de M. Mathurin Moreau mérite le même éloge ; c'est
une œuvre à la fois savante et gracieuse
et irréprochable au point de vue du goût.

Le portrait de petit fille, par M. Millet,
a la tête fine et jolie, mais les jambes
rondes et légèrement empâtées. L'ajustement n'est pas adroit.

Il n'y a qu'à louer dans l'*Enfant au
sablier*, de M. Aizelin. La *Madeleine*, de
M. Chatrousse me paraît préférable à sa
Pompadour mesquine et peu tentante. La
Venus grondant l'Amour sera peut-être

un des ouvrages les plus remarquables de
M. Truphème, mais il faut attendre le
marbre. La *Femme arabe* de M. Cordier
ne nous apprend rien de nouveau sur l'habile et audacieux artiste qui ajoute au
mérite incontestable de sa sculpture le luxe
des émaux, des bronzes et des onyx. C'est
toujours le même art et la même fanfare.
Les bustes de M. Dantan jeune sont d'excellents Dantan, comme à l'ordinaire,
puisque M. Dantan n'en a jamais fait de
mauvais. M. Ottin a exposé un projet de
tombeau d'une forme originale et d'un
sentiment très-poignant. C'est une mère
ensevelie, pour ainsi dire, dans ses enfants,
qui l'enveloppent, l'étreignent et lui font
comme un linceul de leurs corps. On peut
s'étonner qu'un tel drame soit livré à la
curiosité d'un public indifférent; mais à
coup sûr la conception n'est pas vulgaire.

Les deux bustes de M. Oliva me paraissent un peu mous, surtout *Richard Cob-
den*, dont le marbre, saucé trop riche-

ment, affecte la couleur et la consistance
du beurre. J'ai cru que cet ouvrage était
destiné à l'hôtel de ville d'Isigny; mais
non : il a sa place marquée dans les galeries de Versailles.

M. Etex a fait un si beau groupe dans
sa vie, qu'il faut lui pardonner ses erreurs
jusqu'à cent. Mais M. Maindron, qui n'a jamais fait le *Caïn*, ni rien d'approchant, par
quoi nous faut-il excuser ses *Pygmalions?*

Le *Valet de chiens* est une œuvre importante, remarquablement exécutée, et
qui fait grand honneur à M. Jacquemart.
Les animaux sont excellents; l'homme,
très-vivant et très-vrai, fait une charmante statuette, un peu trop grande. Il y
a là beaucoup de talent, mais, si je ne me
trompe, un talent mal employé. L'homme
et les chiens seraient parfaits si on pouvait les prendre à part, l'un après l'autre :
réunis, ils ne font pas groupe; donc, l'ensemble n'a pas de raison d'être. La meil-
leure critique que j'aie entendue à ce pro-

pos est le mot d'un gamin, je ne sais plus
quel dimanche : « Ça, disait-il, ça doit
être ressemblant, et je parie *que ça se dé-
monte.* »

N'importe ; les morceaux en sont bons.

Le *Cavalier romain* de M. Frémiet sera
le digne pendant de son *Cavalier gaulois*,
qui a eu tant de succès en 1864. Autant
le barbare était libre, farouche, vaniteux,
orné, dégingandé, autant le régulier est
simple, ajusté, rassemblé. On comprend la
discipline romaine et la conquête des
Gaules par Jules César. Il est bien difficile qu'un homme ait plus d'esprit, de
sagacité et d'érudition utile que M. Frémiet. Comme sculpteur, il a des qualités
également remarquables : ce cavalier et
son cheval composent un excellent groupe,
bien massé. Mais le cou du cheval est trop
court ; cet animal mourra de soif dès la
première campagne, à moins que la forte
discipline de Rome ne lui ait donné l'habitude de boire à genoux.

Nous avons épuisé la liste des sculpteurs hors concours. Passons aux collectionneurs qui n'ont pas encore leur médaillier complet.

Les œuvres de nos jeunes sculpteurs (je dis jeunes au point de vue du concours) se divisent naturellement en trois catégories.

La première comprend : l'*Ange de la Redemption*, de M. Capellaro, un groupe digne de figurer parmi les peintures de Flandrin ; la *Femme adultère*, de M. Cambos, excellente œuvre d'art, quoique la tête ne soit pas très-jolie. Mais le modelé sous les draperies est bien finement senti. L'œuvre dans son ensemble atteste un vrai talent et un goût supérieur. M. Cambos n'a pas trompé les espérances qui s'étaient éveillées en nous au premier chant de sa jolie cigale ; loin de là, il donne plus qu'il n'a promis.

Il faut placer sur la même ligne le *Jeune équilibriste*, de M. Blanchard, la *Marchande de violettes*, de M. Leroux ; l'*Abel*,

de M. Feugère des Forts; le *Savoyard*, de
M. Demaille, et le *Danseur de salta-
relle*, de M. Sanson. M. Blanchard a un
talent d'une rare finesse, mais il ne doit
pas craindre d'accentuer un peu plus ses
modelés. M. Leroux fera bien de simpli-
fier ses draperies : la tunique de sa jolie
bouquetière est cassée et égratignée comme
à plaisir.

L'*Angélique*, de M. Carrier-Belleuse;
l'*Omphale*, de M. Falguière; le *Joueur de
toupie*, de M. Perrey; le *Joueur de trian-
gle*, de M. L.-A. Roubaud, et le *Poëte
Ausone*, de M. Delandre, se classent par
ondre de mérite après les sept premières
œuvres que j'ai citées.

M. Carrier-Belleuse n'est pas seulement
le plus fécond des sculpteurs contemporains et le plus actif à vulgariser l'art sta-
tuaire : il est encore doué d'une audace
peu commune. Son *Angélique* est une des
œuvres les plus hardies que nos expositions aient vues depuis longtemps. Au

20

point de vue de l'art classique, il est facile de la critiquer dans ses détails ; la figure ne se tient pas bien fortement ; toutes les parties ne sont pas modelées avec autant de finesse que les genoux ; le mouvement ne dit pas ce qu'il devrait dire, et cette magnifique dondon semble plutôt tordue par le plaisir que par la crainte : mais le bloc est superbe et la chair vivante. C'est la nature féminine maniée et quelque peu violentée par un ornemaniste de génie. Ne prenez pas ce mot pour une critique malveillante ; je veux dire que M. Carrier semble moins préoccupé de suivre la nature que de la conduire à un but déterminé pour en tirer le parti le plus décoratif.

L'*Omphale* de M. Falguière maintient le jeune artiste à sa place, sans l'élever sensiblement plus haut : c'est une bonne figure. Quant à la *Transtévérine* du même auteur, elle vaudrait dix fois plus qu'elle ne vaut si elle était réduite au dixième. Il y a fagots et fagots, dit le Mé-

decin malgré lui. Dans l'art qui nous occupe, il y a statues et statuettes. Le *Mes-*
sage est, si je ne me trompe, le meilleur
ouvrage de M. Chevalier. La figure se
construit bien, les profils sont heureux et
le modelé gagne en finesse. L'*Ausone* de
M. Delandre est d'un aspect un peu plus
froid, pour ne pas dire ennuyeux, mais la
conception est sculpturale et l'exécution
très-satisfaisante.

Vient ensuite une liste un peu longue
d'ouvrages qui méritent tous notre attention et notre estime. Si au premier coup
d'œil l'exposition de sculpture semble in-
différente, celui qui l'examine d'un peu
près y remarque quantité de morceaux intéressants.

La *Clytie* de M. Chapu manque de silhouette. L'artiste, qui a du talent, s'est
trompé en croyant qu'une collection de
morceaux étudiés à part faisait naturellement un tout. D'ailleurs, tous ses morceaux ne sont pas bons. On rencontre çà

et là quelques jolis modelés, mais le détail
est alternativement bon et mauvais, et
l'ensemble n'existe pas. Le *Petit faune* de
M. Lavigne est agréable, et rien de plus.
La *Baigneuse* de M. Moreau-Vauthier a
une bien jolie tête, mais le reste est trop
mou, trop rond et trop lavé. La draperie
qui tombe à gauche ne signifie pas grand'-
chose.

La *Petite fille au serpent*, de M. Kopf,
est gentille dans les détails et dans l'exécution du marbre; la tête est jolie, mais la
silhouette manque et la composition est encore à trouver. L'*Enfant à la sauterelle*,
par M. Lebourg, est naïf et gentil, mais il
n'indique pas encore beaucoup de force
ou d'adresse. Le *Repos interrompu*, de
M. Navlet; le *Narcisse* en terre cuite, de
M. Garnaud; le groupe de M. Moulin;
la *Danseuse*, de M. Janson; la *Perdi-
tion*, de M. Conny sont des œuvres agréa-
bles. La figure de M. Conny est un peu
molle, mais elle a quelques profils heu-

reux. La *Couronne de fleurs*, de M. Watrinelle, est un joli plâtre; la statue du
jurisconsulte Proudhon (ne pas confondre) est très-convenablement établie par
M. Becquet.

La *Desdémone*, de M. Valette, et
l'*Acquaiolo napolitain*, de M. Fassin,
méritent un éloge. Le *Génie funèbre* de
M. Bartholdi est d'un aspect un peu
étrange, mais d'une bonne construction
et d'un travail irréprochable. Le même
artiste a un beau buste de l'honorable
M. Laboulaye. L'*Élégant d'Athènes*, par
M. Carlier, n'est pas très-solidement bâti;
ses jambes ne tiennent guère au corps,
et la statue a le défaut de ne pouvoir être
vue que de face. Cependant j'y suis revenu
plusieurs fois avec plaisir. La conception
est ingénieuse, la tête est jolie; l'ensemble
de cet ouvrage respire je ne sais quel parfum d'atticisme vrai.

M. Doublemard a deux bons bustes
dont l'un, le meilleur, rend au vif la figure

petillante et gamine de cet inimitable Co-
quelin. J'ai remarqué un bien joli groupe
d'Hébé par M. Franceschi; les accents
manquent un peu, mais il faut attendre le
marbre. Un plâtre ne dit jamais que la
moitié de ce qu'on veut lui faire dire.
M. A. G., par M. Edmond Noël, est fin
et spirituel; celui de Gustave Doré est un
des meilleurs de M. Carrier-Belleuse. Claude
Vignon, ce charmant écrivain et ce sta-
tuaire habile, qui est une de nos plus
jolies Parisiennes, par-dessus le marché,
a modelé de ses mains délicates la tête si
intelligente et si française de M. Lefebvre-
Duruflé.

Mlle Dubois-Davesnes, la méritante et
la peu récompensée, a exposé deux bons
bustes, comme toujours. Mme Astoud-
Trolley, une femme de la plus haute intelligence, a risqué un grand médaillon
de Beethoven dans des conditions qui ren-
daient le succès presque impossible. Le
bas-relief a ses lois que le beau sexe lui-

même ne saurait violer impunément. Un
médaillon doit être de profil. Par hasard
ou par caprice un sculpteur de génie,
comme David d'Angers, peut s'amuser
une fois à le poser de face ; mais c'est
chercher une difficulté inutile et se donner
à soi-même la plus ingrate de toutes les
tâches que de le mettre de trois-quarts. Ni
l'intelligence, ni le savoir, ni le travail de
l'artiste ne pourront racheter cette faute
originelle.

La *Colombe* de M. Eude est une petite
terre cuite peu étudiée, mais d'un bien joli
goût. En revanche, le *Nègre* de M. Auguste Moreau, qui est étudié de très-près,
et à fond, présente une surface trop sèche
et trop accidentée : c'est un écorché, mais
l'écorcheur est un artiste.

Il serait injuste de quitter la sculpture
sans citer ces artistes laborieux à l'excès
qui s'attaquent aux matières les plus re-
belles. Quand vous lisez dans le livret ces
simples mots : « Portrait de l'Empereur,

d'après le buste de M. Iselin, calcédoine orientale », rien ne vous avertit qu'il est question d'un tour de force unique aujourd'hui, et renouvelé des héroïques travailleurs de Rome. Ce petit travail, qu'un voleur pourrait mettre dans sa poche, a coûté deux ou trois ans de labeur assidu à M. Galbrunner.

La calcédoine antique est la plus rebelle de toutes les matières à sculpter : elle ne se laisse mordre que par le diamant. Certes on peut regretter qu'un sculpteur aussi habile que M. Galbrunner, ait consacré son temps et sa peine à immortaliser le travail d'autrui ; mais il faut rendre justice à l'énormité de l'effort et à la beauté du résultat. Quand ce succès ne servirait qu'à prouver qu'on peut encore, en 1866, répéter les tours de force des anciens, M. Galbrunner mériterait une louange.

Citons encore deux jolis portraits sur coquille par le très-habile M. Reverchon, et deux charmants petits camées, l'*Amour* et le *Singe amateur*, par M. Heller. M. Heller est un jeune graveur en médailles et en pierres fines, élève de Gérome, et le plus fort de toute l'École des Beaux-Arts dans la spécialité qu'il a choisie. Il a concouru cette année pour le prix de Rome, et il n'a pas obtenu de monter en loge. Pourquoi ? Personne n'en sait rien, ni les maîtres, ni les élèves. Mais est-ce un grand malheur que de manquer le prix de Rome, quand on a tout ce qu'il faut pour réussir immédiatement à Paris ?

L'ARCHITECTURE

L'ARCHITECTURE.

XX

MM. Ambroise Baudry, Louis Pascal, Huot, Thérin, Charier, Lameire, Boileau fils, Boileau père, Dartein, Deperthes, Devrez, Hénard, Normand, Coquart, Durand, Fèvre, Gion, Guillaume, Hugelin, Lejeune, L'Enfant, Lorain, Parent, Sauvageot, Sedille, C. A. Thierry, Vaudremer, Corroyer, Chapron, de Baudot, Maurice Ouradou. — *Envois et prix de Rome :* MM. Boitte, Brune, Moyaux, Gerhardt, Noguet. — *Un peintre omis :* M. Ulmann.

M. Ambroise Baudry est un jeune homme déplorablement né. Son origine le condamnait pour ainsi dire à la médiocrité, car il est le jeune frère de Paul Baudry, et l'on

n'a jamais vu deux artistes supérieurs se
suivre de si près dans la même famille.

Mais le vouloir de ce jeune homme a
été plus fort que la destinée. A le juger sur
ses commencements, on peut croire qu'il
balancera, dans un temps donné, la réputation de son frère. Depuis plusieurs années,
il collabore à l'œuvre immense du nouvel
Opéra. Son chef, qui se connaît en hommes
et en architectes, assure qu'il ira loin. Pour
commencer, le ministre de l'instruction
publique l'a envoyé dans la Mœsie inférieure
à la recherche d'une ville perdue qui s'appelait Troesmis. Le livret dit Troesmes et
Mœsie supérieure, mais n'importe. La
Mœsie inférieure était située au sud du
Danube, vers l'embouchure du fleuve.
M. Ambroise Baudry est donc parti tout
gaillardement pour les provinces danu-
biennes; il a couru la Valachie et la Bul-
garie, pris la fièvre, risqué sa peau, retrouvé le plan de Troesmis sous-terre,
rapporté tout un magasin de plans, de re-

levés, d'aquarelles pittoresques, et obtenu
une médaille qui n'est pas la plus mal ga-
gnée de cette exposition. Ses relevés divers,
plans, coupes, détails, sont d'un architecte
très-distingué ; ses aquarelles sont d'un
peintre.

Elles me rappellent certain album de
voyage que Charles Garnier remplissait
sous mes yeux, en 1852, dans notre
voyage du Péloponnèse. C'est le même esprit, la même vivacité, la même justesse
de ton. Quand les élèves s'annoncent si
bien, on peut prédire hardiment qu'ils pas-
seront maîtres.

Le projet de palais pour le Parlement
de la Haye fait le plus grand honneur à
M. Louis Pascal. C'est plus et mieux qu'un
travail de concours, c'est un vrai projet
d'architecte. Le plan est fort bien disposé ;
l'artiste a tiré le meilleur parti possible
d'un terrain irrégulier. Les façades ont
très-bonne tournure, surtout dans les ailes.
Ces dernières parties ne sauraient être trop

louées ; le mélange de la brique et de la
pierre est fait dans une excellente proportion ; les arcades du rez-de-chaussée et les
fenêtres des étages supérieurs sont traitées
de main de maître. Les coupes trahissent
un peu de négligence ou plutôt de hâte
obligée ; mais les données générales en sont
bonnes ; on sent que l'artiste a tout le talent qu'il faut pour parfaire ce beau travail. M. Louis Pascal appartient, comme
M. Ambroise Baudry, à ce chantier du
nouvel Opéra, qui tend à devenir une
école. Il a obtenu une médaille, comme
MM. Huot, Therin, Charier et Lameire.

Le projet de M. Huot (hospice d'aliénés)
n'est guère qu'une étude consciencieuse.
Bonne disposition ; rien de très-neuf.

Les études de M. Therin sur la mosquée
de Cordoue sont un ouvrage de longue
haleine : force dessins bien exécutés et dans
le caractère de l'œuvre. La couleur ne
manque pas d'harmonie ; mais, au total,
il faut plus de persévérance que d'origina-

lité pour mener une telle entreprise à bonne fin.

Les deux projets exposés par M. Therin (restauration d'une église à Mareuil, et construction d'un hôtel de ville à Fontenay-le-Comte), sont deux très-bonnes études sérieusement achevées, mais où la personnalité de l'artiste se cache un peu.

M. Lameire a eu quatre voix pour la médaille d'honneur. Le fait est que M. Lameire est l'auteur d'une œuvre capitale, la plus importante et la plus accomplie de cette exposition d'architecture.

C'est le projet de la décoration intérieure d'une église, inspiré par l'Apocalypse de saint Jean. M. Lameire a entrepris de ressusciter l'architecture romane ; son travail comporte une incroyable somme de recherches et d'études, et l'on y voit, en outre, l'originalité d'un décorateur hors ligne. Élevé à l'école de M. Denuelle, M. Lameire est plutôt décorateur qu'architecte. Mais il y a une grande différence entre lui et

MM. Picq et Prignot, qui semblent travailler
pour l'instruction des grands tapissiers. Si
dans cet intérieur d'église il a fallu nécessairement faire entrer une multitude de détails
connus, la composition des frises et des
pendentifs est très-originale et du mérite
le plus éminent. Les motifs des peintures
sont dessinés comme par Hippolyte Flandrin, et mieux composés ; la couleur est
harmonieuse. Inscrivez dès aujourd'hui le
nom de M. Lameire parmi nos plus jeunes
et nos plus vigoureux talents.

Si le jury des récompenses avait eu huit
médailles à donner au lieu de six, la sep-
tième aurait été pour M. Deperthes et la
huitième pour M. Boileau fils.

Les grands dessins de M. Deperthes d'a-
près l'hôtel de ville de Reims, seront surtout une bonne étude pour l'artiste qui
les a faits : travail recommandable par la
patience et par le talent, quoique un peu
lourd de rendu. Le projet d'église Renaissance pour Notre-Dame d'Auray est d'une

bien autre portée. La proportion est bonne
et la façade tout à fait charmante.

La rectification d'un projet d'église pour
la ville de Rambouillet est une bonne étude
de M. Boileau fils, remarquablement dessinée à la plume et au tire-lignes. M. Boileau fils n'a pas inventé une nouvelle architecture, comme son père, mais il sait et
fait bien l'ancienne, ce qui vaut mieux. Le
projet d'Exposition universelle, par M. Boileau père, recommence en les compliquant,
mais sans un avantage bien marqué, les
nouvelles Halles de Paris.

M. Dartein a disputé la médaille, avec
moins de chances pourtant que MM. Deperthes et Boileau fils. Ses neuf études sur
l'architecture lombarde sont intéressantes
par le sujet, remarquables par le dessin,
précieuses par la conscience et le soin de
l'artiste. Beaucoup d'intelligence, de savoir
et de travail.

Les six grandes aquarelles de M. Devrez
(études sur le mont Saint-Michel) sont d'un

très-habile homme. Le procédé est franc
et libre; on a discuté la teinte générale qui
est un peu triste ; mais le mont Saint-Michel est de cette couleur-là ; j'en parle *de
visu*. Ce qui a empêché M. Devrez de par-
ticiper au bénéfice du concours, c'est que
son exposition est plutôt d'un peintre que
d'un architecte. A cela je n'ai rien à dire.

Le monument de M. Hénard pour le
concours de *Don Pedro* est d'une conception vraiment grandiose; peut-être un peu
de lourdeur dans le bas.

M. Normand n'a envoyé qu'une petite
aquarelle, pour avoir le droit de voter. Si
je cite son nom, c'est pour rappeler à nos
confrères que M. Normand est l'auteur de la
maison pompéienne si improprement appe-
lée maison de Diomède. Ce charmant petit
édifice, si merveilleusement étudié dans
ses moindres détails, ressemble à la maison
de Diomède comme au moulin de la Ga-
lette. Il serait bien plus juste de l'appeler :
Maison de Normand.

Le sarcophage et le panneau de M. Coquart sont de jolies études de cartons, très-
spirituellement lavées. M. Durand a fait
un bon et consciencieux travail sur la
cathédrale de Tarbes. M. Fèvre a exposé
les bâtiments de l'administration du chemin
de fer de Lyon, à Lyon. C'est un grand
travail, fait avec beaucoup d'art et de soin.
Mais le public et la critique n'accordent
qu'une attention secondaire aux œuvres
d'architecture purement domestique. Tel
édifice, parfaitement conçu au point de
vue de sa destination, passera presque
inaperçu au milieu des œuvres monumen-
tales ; tel est un peu le cas présent. Le
projet d'église pour Rambouillet, signé
Gion, est un très-bon travail d'élève, malgré quelques inexpériences de détail. Le
plan surtout mérite des éloges. M. Guillaume aurait pu garder dans ses cartons ses études d'après les peintures de
Pompéi. Il a eu raison de les faire ; car
elles sont bonnes ; il n'avait guère de rai-

sons, ce me semble, pour les montrer au
public.

M. Hugelin a représenté un très-curieux
intérieur du cabinet moderne. Bon dessin.
Quant au pignon dans le goût de Heidel-
berg, c'est peut-être un travail assez inutile. L'église gothique de M. L'Enfant est
peinte avec beaucoup de vivacité et d'éclat ;
les études de M. Lejeune sur le château
d'Écouen complètent un ensemble très-
instructif. Le projet de monument funèbre
par M. Lorain est d'une belle simplicité
et d'un rendu irréprochable. La restauration des façades du château d'Esclemont,
par M. Parent, est très-convenable. Quant
à son projet de maison sur la place Vau-
ban, nous préserve le ciel de le voir exécuté! Il y bien assez de bâtiments ennuyeux dans Paris !

Le projet de M. Sauvageot est curieux
et intéressant ; les maisons de M. Sedille
ne sont plus à l'état de projet, puisque l'une
des deux est le temple de la Nouveauté,

dédié solennellement par le curé de la Madeleine. Ils sont plutôt jolis que laids, ces bâtiments parisiens construits dans le style à la mode. Il faut citer une bonne aquarelle de M. Thierry, d'après la Sala Reggia du Vatican, deux dessins de M. Vaudremer, d'après la bibliothèque de Sienne et l'église Saint-Marc; quelques études d'architecture gothique, par M. de Baudot et M. Corroyer. Je passe sous silence le projet de M. Corroyer, qui tiendrait à déguiser la future rue de l'Impératrice en une vaste cloche à melon. Les promeneurs du trottoir ménageraient leurs parapluies, j'en conviens; mais quel spectacle pour les locataires du premier !

Je n'ai jamais importuné le ciel par des sollicitations indiscrètes; j'ose donc espérer qu'il m'accordera de ne pas voir la place du Trône enlaidie par le monument de M. Chapron. Amen.

Les dessins de M. Maurice Ouradou d'après les décorations de M. Viollet-le-Duc sont fort bien exécutés ; mais était-ce bien la peine de nous montrer ici ce que nous pouvons aller voir à Notre-Dame ? Un peu trop de zèle, je crois.

Nous arrivons aux envois de Rome et aux travaux qui ont remporté le prix en dernier lieu.

Tout cela est fort bien fait. M. Boitte, M. Brune, M. Moyaux étaient parfaitement en mesure d'obtenir chacun une médaille. Les deux nouveaux grands prix, M. Gerhardt et M. Noguet, ont fait deux projets remarquables à divers titres. Celui de M. Noguet est peut-être mieux étudié ; celui de M. Gerhardt est plus libre et plus artistique ; l'un et l'autre mériteraient d'être récompensés.

Mais ils le sont déjà, et le jury a pris un bon parti, j'ose le dire, en écartant du concours les prix et les envois.

Pour les prix, c'est trop évident. Il ne faut pas remettre en question une chose jugée. Supposez qu'un jury ait donné la

première place à l'élève Pierre et la seconde à l'élève Paul. Survient un autre
jury, le jury des récompenses, qui donne
une médaille à Paul et rien à Pierre. Voilà
Paul qui se croit appelé au premier rang,
tandis que Pierre refuse obstinément de
reculer au second. Et quel affront pour le
jury des prix de Rome, s'il voyait son ver-
dict cassé par le jury de l'exposition !

Est-il beaucoup plus opportun de faire
concourir les envois datés de Rome? Oui,
si l'élève expose librement, s'il va au-de-
vant du concours, s'il demande la lutte.
Mais il arrive souvent que tel pensionnaire
aimerait mieux ne pas savoir son envoi exposé. Les architectes surtout, à leur dernière année, lorsqu'ils bâclent sans intérêt,
sans programme, à leur corps défendant,
un projet d'édifice qui ne doit pas être
exécuté ! C'est leur rendre un mauvais service que de les traîner malgré eux dans la
mêlée des concurrents.

Il est d'ailleurs fâcheux à tous égards

qu'on ait ouvert une salle exprès pour l'école de Rome. Cette salle, il faut la remplir, et quand les envois ne suffisent pas, on y ajoute sans façon telle œuvre plus importante et plus étudiée qui se trouve sous le boisseau.

Il y a bien longtemps que M. Ulmann n'est plus pensionnaire de Rome, et pourtant on a remis en pension son grand tableau de *Sylla chez Marius*. Et, grâce à cette anomalie, j'ai failli passer sous silence une œuvre remarquable, considérable, très-fortement conçue, fort bien exécutée (sauf quelques mollesses), qui a obtenu une médaille et qui la méritait bien.

FIN

TABLE

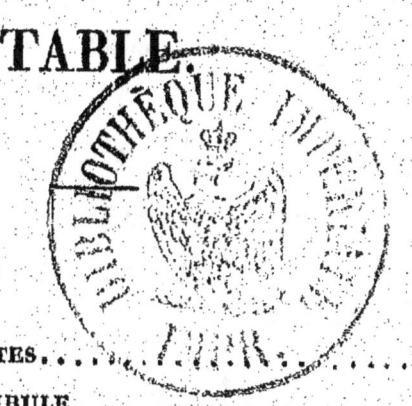

FIN DE LA TABLE.

Paris. — Imprimerie générale de Ch. Lahure, rue de Fleurus, 9.

Librairie de L. HACHETTE et Cⁱᵉ, boulevard Saint-Germain, nᵒ 77, à Paris.

EXTRAIT DE LA BIBLIOTHÈQUE VARIÉE
FORMAT IN-18 JÉSUS, A 3 FR. 50 CENT. LE VOLUME.

About (Edm.). Causeries. 1 vol. — **La Grèce contemporaine.** 1 vol. — **Le Progrès.** 1 vol. — **Madelon.** 1 vol. — **Le salon de 1866.** 1 vol. — **Théâtre impossible.** 1 vol.

Achard (Amédée). Album de voyages. 1 vol.

Ackermann. Contes et poésies. 1 vol.

Arnould (Edm.). Sonnets et poèmes. 1 vol.

Barrau. Histoire de la Révolution française. 1 vol.

Bautain (l'abbé). La belle saison à la campagne. 1 v. — La chrétienne de nos jours. 2 vol. — Le chrétien de nos jours. 2 vol. — La religion et la liberté. 1 v. — Manuel de philosophie morale. 1 vol.

Bellemare (A.). Abd-el-Kader. 1 vol.

Belloy (de). Le Chevalier d'Aï. 1 vol. — Légendes fleuries. 1 vol.

Bersot (E.). Mesmer ou le magnétisme animal. 1 v.

Beulé. Phidias, drame antique. 1 vol.

Byron. Œuvres complètes, trad. de Laroche. 4 vol.

Calemard de la Fayette (Ch.). Le poëme des champs. 1 vol.

Caro (E.). Études morales. 1 v. — L'idée de Dieu. 1 v.

Castelnau (de). Souvenirs de la vie militaire. 1 v.

Cervantès. Don Quichotte. 2 vol.

Charpentier. Les écrivains latins de l'empire. 1 v.

Chateaubriand. Le génie du christianisme. 1 vol. — Les martyrs. 1 vol. — Atala, René, les Natchez. 1 v.

Cherbuliez (V.). Le comte Kostia. 1 vol. — Paule Méré. 1 vol. — Roman d'une honnête femme. 1 vol.

Chevalier (M.). Le Mexique ancien et moderne. 1 v.

Chodzko. Contes slaves. 1 vol.

Crépet (E.). Le trésor épistolaire de la France. 2 v.

Dante. La Divine comédie, trad. par Florentino. 1 vol.

Dargaud (J.). Marie Stuart. 1 vol. — Voyage aux Alpes. 1 vol. — Voyage en Danemark. 1 vol.

Daumas (E.). Mœurs et coutumes de l'Algérie. 1 v.

Deschanel (Em.). Physiologie des écrivains. 1 vol.

Duruy (V.). Causeries de voyage; De Paris à Vienne. 1 vol.

Énault (L.). Constantinople et la Turquie. 1 vol.

Ferry (Gabr.). Le coureur des bois. 2 vol. — Costal l'Indien. 1 vol.

Figuier (Louis). Histoire du merveilleux. 4 vol. — L'alchimie et les alchimistes. 1 vol. — Les applications nouvelles de la science. 1 vol. — L'année scientifique, 10 années (1856-1865). 10 vol.

Fléchier. Les grands jours d'Auvergne. 1 vol.

Fromentin (Eug.). Dominique. 1 vol.

Garnier (Ad.). Traité des facultés de l'âme. 3 v.

Guizot (F.). Un projet de mariage royal. 1 vol.

Hoefer. La chimie enseignée par la biographie de ses fondateurs. 1 vol.

Houssaye (A.). Le violon de Franjolé. 1 vol. — Histoire du 41ᵉ fauteuil. 1 vol. — Voyages humoristiques. 1 vol.

Hugo (Victor). Notre-Dame de Paris. 2 vol. — Bug-Jargal, Le dernier jour d'un condamné. 1 vol. — Odes et ballades. 1 vol. — Les voix intérieures, Les rayons et les ombres. 1 vol. — Légende des siècles. 1 vol. — Orientales, Feuilles d'automne, Chants du crépuscule. 1 vol. — Théâtre. 4 vol. — Les contemplations. 2 vol. — Le Rhin. 3 vol. — Mélanges. 2 vol. — Han d'Islande, Discours. 1 vol.

Jouffroy. Cours de droit naturel. 2 vol. — Cours d'esthétique. 1 vol. — Mélanges. 2 vol.

Jurien de la Gravière (l'amiral). Souvenirs d'un amiral. 2 vol. — Voyage en Chine. 2 vol. — La marine d'autrefois. 1 vol.

La Landelle (G. de). Le tableau de la mer. 2 v.

Lamartine (A. de). Méditations poétiques. 2 vol. — Harmonies poétiques. 1 vol. — Recueillements poétiques. 1 vol. — Jocelyn. 1 vol. — La chute d'un ange. 1 vol. — Voyage en Orient. 2 vol. — Lectures pour tous. 1 vol.

Lanoye (F. de). Le Niger. 1 vol. — L'Inde contemporaine. 1 vol.

Laugel. Études scientifiques. 1 vol.

La Vallée (J.). Zorga le chasseur. 1 vol.

Lecoq (Henri). La vie des fleurs. 1 vol.

Lindau (R.). Un voyage autour du Japon. 1 vol.

Loiseleur. Les crimes et les peines. 1 vol.

Lucien. Œuvres complètes, tr. par M. Talbot. 2 vol.

Macaulay (lord). Œuvres diverses. 2 vol.

Malherbe. Œuvres poétiques. 1 vol.

Marmier. En Alsace; L'avare et son trésor. 1 vol. — En Amérique et en Europe. 1 v. — Gazida. 1 v. — Hélène et Suzanne. 1 vol. — Un été au bord de la Baltique. 1 vol. — Le roman d'un héritier. 1 vol. — Les Fiancés du Spitzberg. 1 vol. — Lettres sur le Nord. 1 vol. — Mémoires d'un orphelin. 1 vol. — Sous les sapins. 1 vol.

Michelet (J.). L'amour. 1 vol. — La femme. 1 vol. — La mer. 1 v. — L'insecte. 1 v. — L'oiseau. 1 v.

Moges (le marquis de). Souvenirs d'une ambassade en Chine et au Japon. 1 vol.

Molènes (P. de). Caprices d'un régulier. 1 vol.

Monnier. L'Italie est-elle la terre des morts? 1 v.

Mortemart (baron de). La vie élégante. 1 vol.

Mouy (Ch. de). Les jeunes ombres. 1 vol.

Nisard (Ch.). Curiosités de l'étymologie française. 1 v.

Nodier (Ch.). Sept châteaux du roi de Bohême. 1 vol.

Nourrisson. Les Pères de l'Église latine. 2 vol.

Ossian. Poèmes gaéliques. 1 vol.

Patin. Études sur les tragiques grecs. 4 vol.

Perrens (F. T.). Jérôme Savonarole. 1 vol.

Pfeiffer (Mme Ida). Voyage d'une femme autour du monde. 1 vol. — Mon second voyage autour du monde. 1 vol. — Voyage à Madagascar. 2 vol.

Pouchet (le Dʳ A. F.). L'univers; les infiniment grands et les infiniment petits. 1 vol.

Pouchkine. Poëmes dramatiques. 1 vol.

Prevost-Paradol. Études sur les moralistes français. 1 vol. — Histoire universelle. 2 vol.

Quatrefages (de). Unité de l'espèce humaine. 1 v.

Raymond (X.). Les marines de la France et de l'Angleterre. 1 vol.

Renaud. Les pensées tristes. 1 vol.

Rendu (V.). L'intelligence des bêtes. 1 vol.

Roland (Mme). Mémoires. 2 vol.

Roussin (A.). Une campagne au Japon. 1 vol.

Saintine (X.-B.). Picciola. 1 vol. — Seul! 1 vol. — Le chemin des écoliers. 1 vol. — La mythologie du Rhin. 1 vol.

Sand (George). Jean de la Roche. 1 vol.

Scudo. Critique et littérature musicales. 2 vol. — Le Chevalier Sarti, roman musical. 1 vol. — L'année musicale, 3 années (1859-1861). 3 vol.

Sévigné (Mme de). Lettres. 8 vol.

Simon (Jules). Le devoir. 1 vol. — La religion naturelle. 1 vol. — La liberté. 2 vol. — La liberté de conscience. 1 vol. — L'ouvrière. 1 vol.

Strada (de). Essai d'un ultimum organum, ou considération scientifique de la Méthode. 2 vol.

Taine (H.). Voyage aux Pyrénées. 1 vol. — Essai sur Tite-Live. 1 vol. — Nouveaux essais de critique et d'histoire. 1 vol. — La Fontaine et ses fables. 1 vol. — Les philosophes français du xixᵉ siècle. 1 vol.

Thiry. Conseils aux mères. 2 vol.

Töpffer (Rod.). Le presbytère. 1 vol. — Nouvelles genevoises. 1 vol. — Rosa et Gertrude. 1 vol. — Réflexions et menus propos. 1 vol.

Trémaux (P.). Origine et transformations de l'homme et des autres êtres. Première partie. 1 v.

Vapereau (Gust.). L'année littéraire, 8 années (1858-1865). 8 vol.

Viardot (L.). Les musées d'Allemagne. 1 vol. — Les musées d'Angleterre, de Belgique, etc. 1 vol. — Les musées d'Espagne. 1 vol. — Les musées de France. 1 vol. — Les musées d'Italie. 1 vol.

Viennet. Fables complètes. 1 vol.

Vigneaux. Souvenirs d'un prisonnier de guerre au Mexique. 1 vol.

Vivien de St-Martin. L'année géographique, 4 années (1862-1865). 4 vol.

Walton. Vie de N.-S. Jésus-Christ, selon la concordance des quatre Évangélistes. 1 vol.

Wey (Francis). Dick Moon en France. 1 vol. — La haute Savoie. 1 vol.

Widal. Études sur son âme, 1ʳᵉ partie: l'Inde. 1 vol.

Zeller (J.). Épisodes dramatiques de l'histoire d'Italie. 1 vol. — L'année historique, 4 années (1859-1862). 4 vol.

Zschokke (H.). Contes suisses, traduits. 1 vol.

Imprimerie générale de Ch. Lahure, rue de Fleurus, 9, à Paris.

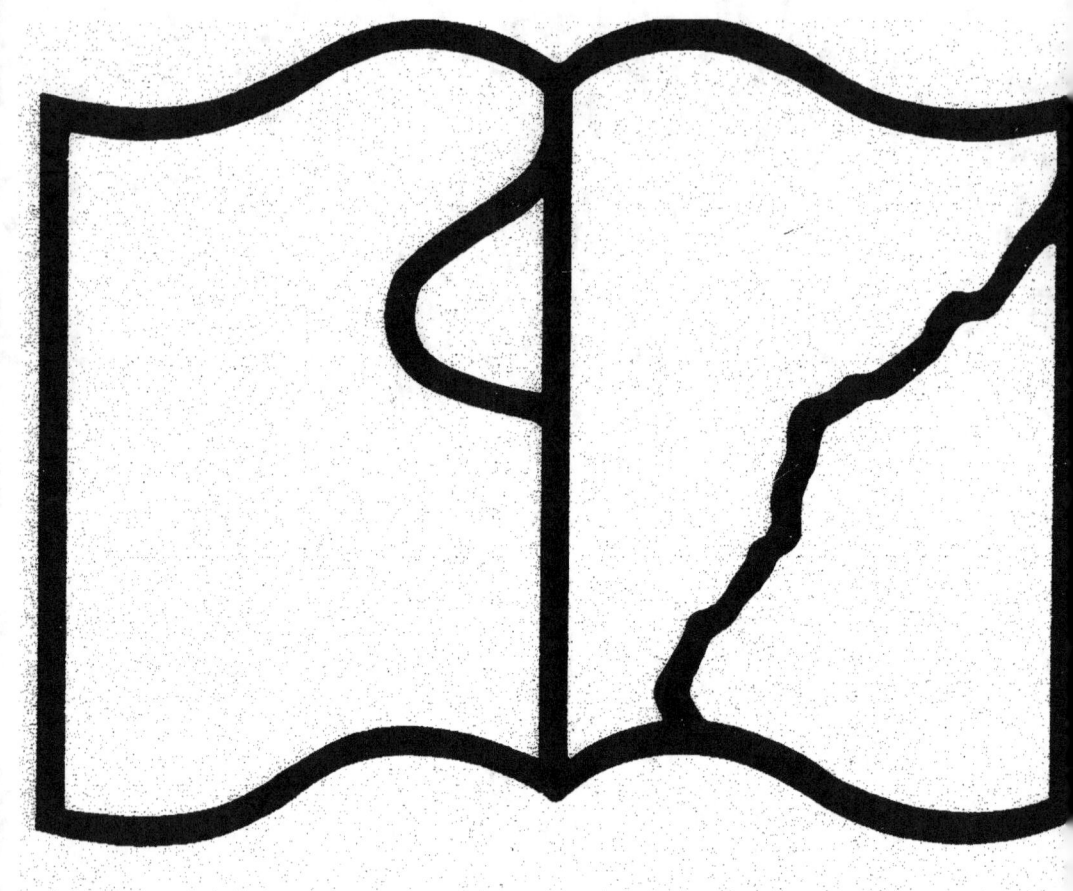

Texte détérioré — reliure défectueuse

NF Z 43-120-11

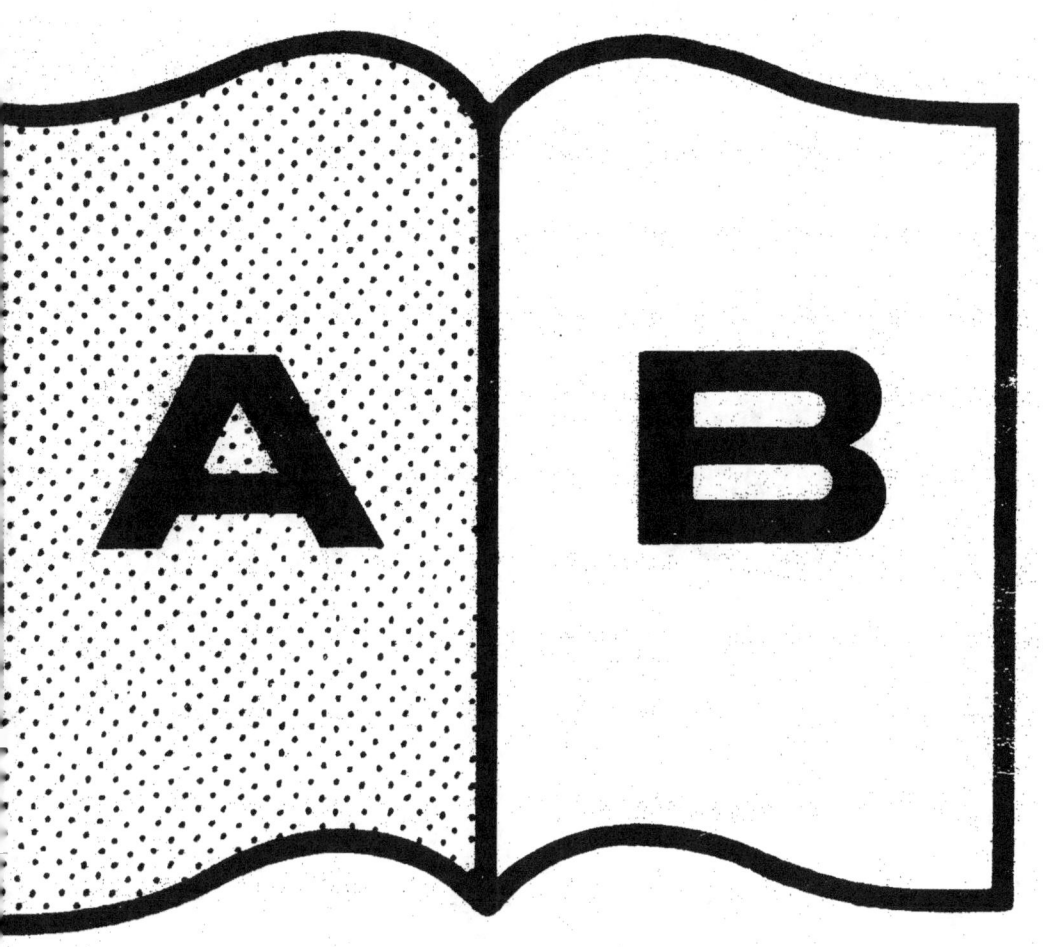

Contraste insuffisant

NF Z 43-120-14

www.ingramcontent.com/pod-product-compliance
Lightning Source LLC
Chambersburg PA
CBHW071619220526
45469CB00002B/403